Schlenkert, Friedrich Chr.

Bernhard, Herzog zu Sachsen-Weimar

3. Band, 2. Teil

Schlenkert, Friedrich Christian

Bernhard, Herzog zu Sachsen-Weimar

3. Band, 2. Teil

Inktank publishing, 2018

www.inktank-publishing.com

ISBN/EAN: 9783750106345

Bernhard,

Herzog zu Sachsen-Weimar.

Ein

historisches Gemälde

von

Friedrich Schlenkert.

Mit Kupfern.

Dritten Bandes Zweiter Theil.

Leipzig,
in der Sommerschen Buchhandlung.
1803.

Bernhard,

Herzog von Weimar.

Sechste Periode.

(Zeitraum vom Juli des Jahres 1633 bis Ende November des Jahres 1634.)

Personen:

Kaiser Ferdinand der Zweite.
Ferdinand, sein Sohn. König von Ungarn und Böhmen.
Johann Georg, Kurfürst von Sachsen.
Maximilian, Kurfürst von Baiern.
Wilhelm, Bernhard,) Herzoge von Sachsen-Weimar.
Karl, Herzog von Lothringen.
Franz Albert, Herzog von Sachsen-Lauenburg.
Albert von Wallenstein, Herzog von Friedland.
Axel Graf von Oxenstiern, Schwedischer Reichskanzler.
Hugo Grotius, Schwedischer Staatsrath und Hofkanzler.
von Mokkel Schwedischer Gesandschafts-Rath.
Fürst von Dietrichstein, Kardinal und Erzbischof von Wien.
Pater Chiroga, Beichtvater der Königin von Spanien.
Fürst von Eggenberg, erster kaiserlicher Minister.
Graf von Schlick, kaiserlicher Geheimer Rath und Hofkriegsraths-Präsident.
Graf von Trautmannsdorf, kaiserlicher Geheimer Rath.
Freyherr von Questenberg, kaiserlicher Hofkriegsrath.

A 2

Graf von Piccolomini,
Graf von Gallas,
Graf von Illo,
Graf von Kinski,
Graf von Terzki,
Graf von Isolani,
Don Maradas,
Graf Harrach,
Graf Hazfeld,
von Gordon
von Schärfenberg,
von Moor,
von Spaar,
von Neumann,
von Lesle,
von Buttler,
von Deveroux,
von Walther,
von Macdonel,
von Geraldin,
von Bork,

} Kaiserliche Generale, Obersten, Majore, Hauptleute, Adjutanten.

Johann von Werth, Kurbaierischer General.
von Arnim, Kursächsischer Feldmarschall.

von Schönberg,
von Miltiz,

} Kursächsische Geh. Räthe.

Gustav Graf von Horn, Schwedischer Feldmarschall.

Graf von Thurn,
von Erlach,
von Torstenson,
von Tupadel,
von Kraz,
von Rose,
von der Grün,
Freiherr von Zieren,

} Schwedische und Weimarische Generale, Obersten, Hauptleute.

Graf von Salm, Adjutant des Rheingrafen Otto Ludwig.
von Thalheim, Adjutant des Herzogs Franz Albert.
Doktor Horn, Kursächsischer Oberhofprediger.
Jabr, Weimarischer Sekretair.
Seni, Wallensteins Astrolog.

Wien. Zimmer in der Burg.

Kaiser Ferdinand. Kardinal Fürst von Dietrichstein. Geheimer Kriegsrath Freiherr von Questenberg.

Kardinal Dietrichstein.

Hilf Gott und alle Heiligen! Bernhard Herzog von Franken? die bischöflichen Güter von Bamberg und Würzburg eine Beute der Kezzer? und Schweden das Ungeheuer, das den Kirchenraub austheilt und zum Tyrannen von Teutschland sich aufwirft? — Es ist entsezlich! es ist unbegreiflich, daß der Rächer im Himmel noch zaudert, seine Heiligen zu erlösen und die Rotte der Frevler zu vertilgen. —

Kaiser Ferdinand.

Wir müssen das Glük und den Übermuth unserer Widersacher für eine Prüfung unserer Geduld und Standhaftigkeit ansehen, Herr Kardinal! und müssen der festen Überzeugung und der tröstlichen Hoffnung leben, daß sie uns von Gott nach seiner ewigen Weisheit aufgelegt, und daß die herbe Prüfungszeit ihrer Endschaft gewiß schon sehr nahe ist. Ich habe dem Friedländer bei meiner Ungnade und bei schwerer Verantwortung befohlen, dem Herzog von Weimar mit seiner ganzen Macht auf den Leib zu gehen und ihn vor Ablauf dieses Jahres noch aus Baiern zu vertreiben, und es ist auch schon Bericht eingegangen, daß er sogleich nach erhaltenem Befehl und in der nemlichen Stunde noch das Lager bei Pilsen verlassen und sich gegen die Oberpfalz gezogen hat. Der kekke Weimar wird also seine verderblichen Absichten auf Östreich gar bald aufgeben und auf seine eigne Rettung bedacht seyn müssen — und dann hat es ja von selbst ein Ende mit seiner herzoglichen Herrlichkeit in Franken. Aber auch ohnedies würde sich der Rebell in seinen Anmaßungen nicht lange behaupten können. Gewalt hat seinen Fürstenstuhl errichtet, Gewalt wird ihn auch wieder zertrümmern. Die Stände von Bamberg und Würzburg haben dem Eroberer lediglich aus Furcht gehuldiget; sie knirschen vor Wuth, daß sie sich ihre vornehmsten Kirchen von der

Kezzerei entweihen und verunreinigen, und daß sie protestantischen Fremdlingen gleiche Rechte und Freiheiten mit ihnen genießen lassen müssen — und gewiß werden sie die erste beste Gelegenheit zur Abwerfung des neuen schändlichen Joches benuzzen und schrekliche Rache nehmen an ihren Unterdrükkern.

Kardinal Dietrichstein.

Das wolle Gott nach seiner ewigen Gerechtigkeit und lasse den Tag der Rache nur bald anbrechen! — Der edle Questenberg war also Augenzeuge der ärgerlichen Huldigung in Würzburg?

Geh. Rath Questenberg.

Der war ich, Herr Kardinal! und als solcher möcht ich euch die großen Erwartungen„ die man sich hier von der Erbitterung und der Rachgier der Fränkischen Stände machen will, eben nicht verbürgen.

Kardinal Dietrichstein.

Nicht? Ei warum denn nicht? die Franken haben wohl dem Räuber mit Freuden gehuldigt und ihm ihr Lebehoch aus Herzensgrunde zugejauchzt?

Geh. Rath Questenberg.

So schien mir es wenigstens, Herr Kardinal! und es schien, als ob sie mit der Vertauschung ihrer Regenten nichts weniger als unzufrieden wären, und als ob sie sich von der neuen weltlichen Regierung ungleich mehr Gutes versprechen wollten, als sie unter den alten geistlichen Regierungen mögen genossen haben. Man sprach überall und unter allen Ständen, die Herren Ordensgeistlichen ausgenommen, mit Entzükken von dem Helden und Menschenfreund Bernhard. —

Kardinal Dietrichstein.

Was? Von dem Kirchenräuber und Bluthund Bernhard mit Entzükken? — Ihr schwärmt, edler Questenberg! oder ihr müßtet uns bereden wollen, daß die christkatholischen Würzburger zu verruchten Kezzern geworden wären, weil nur solche Menschen an einem Mann, wie Bernhard, eine lose Freude haben können.

Geh. Rath Questenberg.

Schwärmerei, Herr Kardinal! will sich mit meiner Kälte nicht wohl vertragen. Aber eure lezte Vermuthung —

Kardinal Dietrichstein.

Wie? ihr wolltet uns glauben machen, daß die Würzburger —

Geh. Rath Questenberg.

Nicht glauben machen, sondern glaubhaft versichern, daß bei weitem der größere Theil der Würzburger, sei es aus Überzeugung, oder sei es aus Unwillen über die vorige Regierung, sich zu der protestantischen Parthei hält. Ihr hättet dem evangelischen Gottesdienste, welcher der Huldigung vorherging, beiwohnen sollen —

Kardinal Dietrichstein.

Schweigt mir davon — ich mag von dieser gotteslästerlichen Kirchenentweihung nichts hören. Der Allmächtige wird sie finden, die frechen Sünder! und wird ihnen rächend vergelten nach ihren Missethaten. — Daß ich das noch erleben — auf meine alten Tage solche Greuel noch erleben muß! Aber wer ist Schuld — wer? daß es so greulich und lästerlich hergeht?

Kaiser Ferdinand.

Es ist Gottes allweise Fügung, ehrwürdigster —

Kardinal Dietrichstein.

Es ist Wallensteins Verrätherei, gnädigster Herr! So weit hätt' es mit kaiserlicher Majestät und mit der heiligen Kirche Gottes nicht kommen, eine so fürchterliche Überlegenheit hätte die Bosheit unserer Feinde nicht erlangen können, wenn nicht die gute Sache der Religion von dem Friedländer schändlich verrathen, wenn nicht der Feind recht geflissentlich von ihm begünstiget worden wäre. Aber sein tiefer, unvertilgbarer, wüthiger Haß gegen den frommen Maximilian —

Vorige. Hofkriegsraths = Präsident Graf von Schlick.

Kriegs-Raths Präsid. Schlick

Es sind abermals gar böse Nachrichten von der Donau eingelaufen, gnädigster Herr! Regensburg ist verloren — der tapfre General Troibrez hat sich nothgedrungen ergeben müssen.

Kardinal Dietrichstein.

Schreklich! schreklich! — Schande und Fluch dem feigen Kommandanten —

Kriegs-Raths Präsid. Schlick.

Gemach, Herr Kardinal! Ihr würdet euch schmählig übereilen und dabei noch euch höchlich versündigen, wenn ihr dem wakkern Troibrez auch nur das mindeste zur Last legen, oder wol gar ihm fluchen wolltet. Was kann er dafür, daß ihn der

Kurfürst von Baiern hülflos gelassen hat? Leicht war es wol, ihm die Vertheidigung der Veste bei Verlust seines Kopfes zu befehlen, aber unmöglich, mit funfzehnhundert Mann gegen die zehn mal stärkern Belagerer sich zu behaupten. Troibrez hat gethan, was ein Mann und Held in seiner Lage nur immer zu thun vermögend ist, und nur dann erst, als alle seine Außenwerke zerstört, sein ganzes Pulver verschossen, der größere Theil seiner Krieger getödtet oder gleich ihm gefährlich verwundet, und die Schweden zum Sturm schon gegürtet waren. — nur dann erst entschloß sich der wakkre Kommandant zu einer Kapitulazion, die ihm und seinem Helden-Häuflein nicht nur freien, sondern auch ehrenvollen Abzug gewährte.

*

Kaiser Ferdinand.

Troibrez ist gerechtfertiget. Hätte der Kurfürst von Baiern ihn nachdrüklicher unterstüzt —

Kardinal Dietrichstein.

Hätte Wallenstein den Kurfürsten nicht im Gedränge gelassen, hätte der Rachsüchtige nicht verrätherisch an der Religion und an kaiserlicher Majestät, nicht heimtükkisch an dem edlen Maximilian gehandelt: so hätte Weimar uns nicht so furchtbar werden, hätte Sachsen nicht befreien, Franken nicht behaupten, Baiern nicht zum zweiten Mal heimsuchen und die kaiserlichen Erbstaaten selbst nicht bedrohen können. Aber dieser falsche, dieser grundböse Mensch —

Vorige. Geh. Rath Graf von Trautmannsdorf.

Geh. Rath Trautmannsdorf.

Neue Schrekkensberichte aus Baiern, gnädigster Herr Kaiser! Weimar hat sogleich nach der Eroberung von Regensburg die festen Städte Straubingen und Dekkendorf weggenommen und im Angesicht des tapfern Johann von Werth über die Iser gesezt —

Kaiser Ferdinand.

Entsezlich! Dieser Bernhard ist uns noch furchtbarer, als Gustav Adolf. Wenn er so fortschlägt, so werden wir bald in unserer kaiserlichen Hauptstadt vor ihm nicht mehr sicher seyn.

Geh. Rath Trautmannsdorf,

Darauf scheint es der Mann auch

angelegt zu haben, und scheint sein Winterlager im Herzen von Österreich aufschlagen zu wollen, weil er izt geraden Weges auf Passau losgeht. Bemächtiget er sich dieser überaus wichtigen Grenzvesten, so wird er zugleich Meister von der Donau und der Inn, und dann hält ihn nichts mehr zurük, bis Wien vorzudringen —

Kardinal Dietrichstein.

Und dem Kaiser in seiner Hauptstadt Gesezze vorzuschreiben. — Schreklich! schändlich! — So weit soll es nach Wallensteins verrätherischen Entwürfen mit uns kommen — darum hat er sich nach seinem unbedeutenden Streifzuge durch Schlesien und Pommern so ruhig verhalten und hat Baierns abermalige Eroberung dadurch ganz offenbar begünstiget und befördert. Dies ist wahr, einleuchtend und unwidersprechlich — ganz Wien, ganz Teutschland weiß es, glaubt es und ist innig davon überzeugt; nur der Kaiser, nur der allzu gute Ferdinand zweifelt noch an Wallensteins Verrätherei. —

Kaiser Ferdinand.

Weil die Beweise fehlen, Herr Kardinal!

Kardinal Dietrichstein.

Beweise! Als ob es außer seinem hartnäkkigen Ungehorsam gegen die höchsten Befehle noch stärkerer Beweise bedürfe — als ob er sich an kaiserlicher Majestät noch nicht gröblich genug versündiget hätte —

(Ein Kammerherr überbringt dem Kaiser ein Schreiben und entfernt sich wieder)

Kaiser Ferdinand.

Wallensteins Hand und Siegel.

(überreicht es dem Grafen von Schlick)

Was enthält das Schreiben?

Kriegs-Präsident Schlick.

Beruhigende Nachrichten, gnädigster Herr! Wallensteins plözliche Erscheinung in der Oberpfalz hat den Herzog von Weimar wegen seines Raubes in Franken zittern gemacht und Baiern gerettet. Der Rebell hat alle seine Eroberungen an der Donau und Iser samt seinen kühnen Entwürfen auf Österreich aufgegeben und hat sich eiligst auf Würzburg zurükgezogen —

Kaiser Ferdinand.

Dann wohl, Herr Kardinal! so hat ja Wallenstein den Kurfürsten von Baiern mit Einmal klaglos gestellt und sich zugleich von allem Verdacht der Verrätherei gereiniget. Man sage mir Nichts mehr zur Verunglimpfung des unvergleichlichen Helden.

Kardinal Dietrichstein.

Ich meines Orts werde schweigen und meinen Mund nicht aufthun, bis die Trümmern unserer Altäre und eurer Thronen schreien werden!

Weimar. Zimmer im Schlosse.

Herzog Wilhelm. Herzog Bernhard.

Herzog Wilhelm.

Mir herzlich — herzlich willkommen, mein theurer Bruder! du erscheinst mir izt ganz unerwartet. Soll ich deine Überraschung für ein gutes, oder für ein böses Zeichen ansehen?

Herzog Bernhard.

Für das Zeichen der eingetretenen Winterruhe, und sonst für weiter nichts, lieber Bruder! der Feldzug ist geschlossen.

Herzog Wilhelm.

Sonderbar! Ich glaubte dich so eben im hizzigsten Kampfe mit Wallenstein —

Herzog Bernhard.

Dem ich auch entgegen geflogen bin. Aber ohne Feind giebt's keinen Kampf.

Herzog Wilhelm

Wie soll ich das verstehen? Wäre der große Streit zwischen Bernhard und Wallenstein schon entschieden?

Herzog Bernhard.

Er ist unentschieden geblieben, weil es Wallenstein selbst dazu nicht hat kommen lassen. Sein Einrükken in die Oberpfalz war ein loses Spiegelgefecht. Der Mann hat mich und den Kaiser dadurch bethört. Von seiner furchtbaren Macht im Rükken bedrohet, glaubt' ich meinen kühnen Eroberungsplan aufgeben und zur Rettung des Frankenlandes zurük eilen zu müssen. Ich ziehe mich schnell über die Iser und Donau zurük und aus Baiern heraus, um den Feind aufzusuchen und ihm die Stirn zu bieten, und siehe — er ist verschwunden, und nirgends zu finden. Acht Tage durchstreif ich das Land vergeblich nach ihm, und gönne meinen ermüdeten Kriegern keine Rast und Ruhe, bis ich von mehreren glaubhaften Augenzeugen versichert bin, daß sich Wallenstein in sein altes Lager bei Pilsen zurükgezogen habe und sich dort ganz ruhig verhalte.

Herzog Wilhelm.

Ein sonderbarer unerklärlicher Mensch dieser Wallenstein! Scheint es doch beinahe, als ob es ihm während des ganzen

Feldzugs gar kein Ernst gewesen wäre, nur irgend etwas Großes zu unternehmen —

Herzog Bernhard.

Zu unternehmen wol, aber nicht auszuführen. Er will Viel zu thun scheinen, um eigentlich Nichts zu thun. Seinen Zug in die Pfalz hat er wol nur nothgedrungen und auf wiederholten Befehl des Kaisers angetreten, und gewiß sogleich in der listigen Absicht, um durch diese scheinbare Hülfsleistung den Kurfürsten von Baiern noch mehr, als mich selbst zu bethören.

Herzog Wilhelm.

Wenn du deß etwas hättest vermuthen können —

Herzog Bernhard.

So hätt' ich mich nicht irren lassen, hätte meine siegreiche Laufbahn muthig ver=

folgt, wäre in's Herz der Österreichischen Staaten eingedrungen, und geböte vielleicht heute schon Friede dem Kaiser und seinen Pfaffen. Aber es hat nicht seyn sollen, und ich möchte bald glauben, daß uns die Vorsehung auf diesem Wege den Frieden nicht erkämpfen lassen wolle, da wir auch diesmal wieder —

Vorige. Oberster von Rose.

Oberster Rose.

Eine seltene überraschende Erscheinung, gnädige Herren! Franz Albert von Lauenburg —

Herzog Wilhelm.

Der Verräther und Königsmörder?

Herzog Bernhard.

Nicht also, lieber Bruder! Den Ab=

trünnigen magst du ihn nennen, aber an Gustav Adolfs Fall ist er gewiß unschuldig —

Herzog Wilhelm.

Man will doch allgemein behaupten, daß er dem König den Rest gegeben habe.

Herzog Bernhard.

Wer hat es gesehen? wer kann es bezeugen? Verdächtig der Unthat hat man ihn darum gefunden, weil er von allen Begleitern des Königs allein entronnen und während der Schlacht noch nach Weisenfels geflüchtet ist —

Herzog Wilhelm.

Und am Tage der Schlacht eine grüne Leibbinde getragen hat, um sich dem Feinde, dem er sich vorher schon verkauft hatte, bemerklich zu machen.

Herzog Bernhard.

Zufall, Lieber! Der Lauenburger pflegte mit seiner Leibfarbe, aus Eitelkeit, wol öfter zu wechseln, was ihm wenigstens nicht gewehrt werden konnte, da er zu keiner Fahne geschworen hatte und dem König blos als Freiwilliger folgte. — Aber wir sprechen so laut von dem Manne, und er ist uns wol so nahe —

Oberster Rose.

Im Vorgemach, Herr Herzog! und läßt um freundliches Gehör bitten.

Herzog Bernhard.

So müssen wir ihn doch willkommen heißen. Aber ihr bleibt Zeuge unsrer Unterredung. (Oberster von Rose öfnet das Zimmer.)

Vorige. Herzog Franz Albert.

Herzog Franz.

Herzlich gegrüßt, meine geliebten Herren Vettern!

Herzog Bernhard.

Freundlich willkommen, Herr Herzog! Wir sahen uns seit geraumer Zeit nicht.

Herzog Wilhelm.

Seit Gustav Adolfs kläglichem Fall, wenn ich nicht irre.

Herzog Franz.

So ist's, meine Freunde! Das Entsezzen riß mich aus dem Getümmel. Ein einzelner Mann, was vermogt' ich gegen die Menge? Ich hielt die Schlacht für verloren und flüchtete nach Weisenfels. Die Schaam ließ mich nicht umkehren; ich barg mich in meine Heimath, und trug Scheu vor den Menschen, und war fest entschlossen, an keinem öffentlichen Geschäft mehr theilzunehmen und mein Leben in stiller Einsamkeit zu beschliessen. Aber was vermag der festeste Entschluß eines Mannes gegen die Allgewalt des Schiksals? Es hat mich aus meiner glüklichen Dunkelheit wieder herausgerissen und auf den offenen Schauplaz schlüpfriger Welthändel geführt, und ich erscheine izt vor dem großen Helden von Weimar als Geschäftsträger seines größten furchtbarsten Gegners —

Herzog Bernhard.

Der ist Albert von Wallenstein. Der edle Herzog von Sachsen = Lauenburg ist also izt in Diensten —

Herzog Franz.

Keines Menschen, Herr Herzog! Ich habe mich ausschließlich keiner Person, sondern lediglich der Sache des Friedens verpflichtet. Der Herzog von Friedland führt die Sache des Kaisers und der Liga, und ist zu Krieg und Frieden bevollmächtiget. Und im Namen und Auftrag dieses eures edlen Feindes wünscht' ich izt ohne Zeugen mit euch zu sprechen.

Herzog Bernhard.

Was ihr mir zu sagen habt, das können und müssen diese Männer, Beide meine besten Herzensfreunde, wol auch wissen.

Herzog Franz.

Ich bescheide mich dessen, weil mir aus alter Erfahrung bekannt ist, daß ihr vor diesem Erlauchten und Edlen keine Geheimnisse habt und über jede Angelegenheit mit ihnen zu Rathe gehet. Ohne weitere Umstände also zur Eröffnung meines Geschäfts —

Herzog Bernhard.

Und in möglichster Kürze, wenn ich bitten darf.

Herzog Franz.

Herzog Albert von Friedland, Obergeneral der ganzen kaiserlichen und ligistischen Kriegsmacht in Teutschland, läßt den erlauchten Heerführer der evangelischen Union in Ehrfurcht und Freundschaft begrüßen, und läßt euch wegen eures nur allzu eilfertigen Rükzugs aus Baiern sein höchliches Befremden, sein aufrichtiges Bedauern zu erkennen geben.

Herzog Bernhard.

Wie das, Herr Herzog? Daß es dem Obergeneral des Kaisers lieber gewesen wäre, wenn ich mich unvorsichtig von seiner Uebermacht im Rükken hätte anfallen und mir die Früchte meiner vielfachen Anstrengungen und Siege mit Einmal von ihm hätte entreißen lassen, das will ich ihm gern glauben. Daß ihn aber meine Maasnehmungen dagegen befremden wollen, und daß er es sogar gegen mich bedauern will —

Herzog Franz.

Daß ihr ihn nicht verstanden, und daß ihr durch euren raschen Rükzug aus Baiern die Streitkräfte des Feindes gestärkt und den Frieden von Teutschlands Grenzen wieder entfernt habt — dies ist's, was den edlen Friedländer befremdet und worüber er euch sein Bedauern zu erkennen geben läßt. Eure Durchlauchtigkeit erlaube mir, daß ich mich deutlicher darüber erkläre.

Herzog Bernhard.

Ihr seyd darum gebeten, dieweil ich eure Einleitung ganz unverständlich finde. Ich liebe Geradheit und Offenheit im Reden und Handeln, sey's im Kabinet, oder auf dem Schlachtfelde.

Herzog Franz.

Ich nicht minder, Vetter! und ich will euch Wallensteins Gesinnungen und Wünsche so bestimmt und ehrlich eröffnen, wie sie mir vertrauet worden sind. — Es kann eurer Scharfsichtigkeit nicht entgangen seyn, in welcher Absicht der Held Österreichs das

Oberkommando übernommen und wie und zu welchen Zwekken er sich seiner gewaltigen Streitkräfte bedient hat. Wallenstein hat — und dies liegt am Tage — die Spanisch-Österreichische Politik nicht begünstigen, der römischen Klerisei nicht fröhnen, die Unterjochung Teutschlands nicht befördern, der evangelischen Union keine tödtliche Wunde schlagen, sondern gewissermaßen nur als mächtiger Vermittler der streitenden Mächte handeln, das Gleichgewicht unter denselben wiederherstellen, das langwierige fürchterlich-große Schauspiel des religiösen Wuthkampfes zu Ende führen und es mit einem für jede Parthei gleich ehrenvollen und vortheilhaften Frieden krönen wollen. Aus diesem Gesichtspunkte angesehen, werdet ihr euch das Widersprechende in seinem

Äußerungen, das Sonderbare in seinen Maasnehmungen wohl erklären, das Räthselhafte in seinem ganzen zeitherigem Benehmen leicht auflösen können, und werdet es ohne weitern Fingerzeig begreiflich finden, warum er mit eurem übereilten Abzug aus Baiern nicht zufrieden ist. Hätte der Held seines Jahrhunderts, wie ehedem, nur der Stimme des Waffenruhms und den Befehlen des Kaisers und seiner Pfaffen Gehör geben wollen, so wäre er gewiß angreifend zu Werke gegangen, und hätte wol emsiger und kräftiger gearbeitet, den siegreichen Fortschritten der schwedischen Waffen Einhalt zu thun —

Herzog Bernhard.

Daran hat es Wallenstein meines Gedenkens eben nicht fehlen lassen, wie die

C 2

alten Vesten bei Nürnberg und die Felder von Lüzzen bezeugen.

Herzog Franz.

Kleinigkeiten, mein edler Freund Bernhard! und zur Noth nur so viel, als er zum Bestand seiner Ehre, und um dem Kaiser nicht noch verdächtiger zu werden, schlechterdings thun mußte. Daß er noch mehr, unaussprechlich mehr hätte thun können, wenn er gewollt und wenn es in seinen Plan getaugt hätte, werdet ihr wol nicht in Abrede seyn. Wie lange hat er nicht den ihm verhaßten Baier hülflos gelassen? Wie fürchterlich hat er nicht in seiner Pfalz gehauset und gewüstet, und wie schonend dagegen Nürnberg behandelt? Wie ruhig hat er sich nicht nach dem verunglükten Sturm auf den Altenberg in seinem

Lager gehalten, um dem König einen freien friedlichen Abzug zu gönnen? Zum Einfall in Sachsen hat eure Tapferkeit ihn genöthiget, und der wankelmüthige Johann Georg hatte diese leichte Züchtigung auch verschuldet. Zur Schlacht bei Lüzzen hat nicht Wallenstein, sondern Gustav Adolf herausgefordert. Zur Räumung des Schlachtfeldes und des ganzen Sachsenlandes ist er nichts weniger als gezwungen worden. Als ihr die fränkischen Bisthümer erobertet, saß Wallenstein still in Böhmen und that seinen Kriegern gütlich von den fetten Pfründen der Böhmischen Prälaten. Als er, aus Franken euch zu vertreiben, wiederholt befehliget ward, schlug er sich schnell nach Schlesien, machte einen Streifzug durch Pommern und eilte sodann ohne Gewinn wieder nach Böhmen zurück. Als ihr euch der Donau und Iser bemächtigtet und euren Vortrab schon bis Passau vordrücktet, verhielt sich Wallenstein ruhig und unbeweglich in seinem vesten Lager bei Pilsen, und freute sich der harten Bedrängnis seines Feindes, Maximilians von Baiern, und ließ sich Monden lang durch keine Bitte und durch keine Drohung der Kaiserlichen Majestät aus seiner tiefen Ruhe bringen, und setzte sich nicht eher in Bewegung, bis er euch in Salzburg, bis er euch in Oesterreich selbst schon glaubte. Aber er war kaum aufgestanden und in die Oberpfalz eingerückt, um nach einigen vergeblichen Streifzügen in wenigen Tagen nach Böhmen wieder zurückzukehren, so hattet ihr auch schon die Ufer der Iser und Donau verlassen und euren herrlichen, in der Ausführung so weit schon gelungenen Schrekkensplan vorschnell und zur höchsten Unzeit aufgegeben. O Freund! Freund! das hättet ihr nicht thun, und hättet Wallensteins Züge und Wallensteins Ruhe besser verstehen sollen —

Herzog Bernhard.

Was hätt' ich, und was nicht? was wollet ihr, und was will Wallenstein von mir?

Herzog Franz.

Hätten die größten Helden ihres Jahrhunderts sich besser verstanden, so wäre dieser entsetzliche Krieg Heute vielleicht schon glorreich geendet — so hätte Held Bernhard sich nicht irren lassen und wäre über Passau und Salzburg nach Wien, und Held Wallenstein wäre von Böhmen aus nach Wien vorgedrungen, und beide gewaltige unüberwindliche Männer hätten einen ehrlichen und gerechten Frieden abgetruzt dem Kaiser, und Gesezze vorgeschrieben seinen Pfaffen —

Herzog Bernhard.

Ihr erschreckt mich, Herzog! — Wallenstein in Verbindung mit mir und zu gleichen Zwekken mit mir wider den Kaiser? Will und kann Wallenstein zum Verräther werden an seinem Kaiser und Wohlthäter?

Herzog Franz.

Das nicht, edler Bernhard! Man ist kein Verräther, wenn man seinem verblendeten und irregeführten Herrn das nothwendige Gute mit Gewalt aufdringt. Wallenstein will den Frieden, gleich ehrenvoll und beglükkend für jede Parthei; der Kaiser will ihn auch, aber nicht anders als im Geiste seiner Pfaffen, — nicht anders, als in der gänzlichen Ausrottung und Vernichtung aller Protestanten. Was ist nun gerechter, und was nothwendiger und dringender, als mit Gewalt zu erzwingen, was mit Glimpf nicht zu erlangen ist? Auf einem andern Wege und durch andere Mittel ist kein Friede, keine Freiheit, keine Aufrechthaltung altteutscher Verfassung des Reichs und seiner Stände gedenkbar. Wallenstein bietet euch die Hand, — solltet ihr nicht willig und freudig einschlagen wollen? solltet ihr nur einen Augenblik Anstand nehmen können, mit dem einzigen euch gleichenden Gewaltigen und Großen zu gleich edlen Zwekken in Verbindung zu treten?

Herzog Bernhard.

Euer Antrag, ich gesteh es, kommt mir so überraschend —

Herzog Franz.

Nicht minder überraschend, aber noch schrecklicher wird euch die Nachricht von Wallensteins Fall und von eurer Hülflosigkeit kommen, wenn ihr nicht einschlagt und den Augenblick der Rettung und Rache ungenutzt verstreichen lasset. Denn wisset: so eifrig man jetzt in Wien arbeitet, den allgefürchteten Friedländer zu stürzen, eben so eifrig arbeitet man auch an den angesehensten protestantischen Höfen durch jesuitische Friedenshändler an der Auflösung und Zerstörung der evangelischen Union. Kursachsen ist schon gewonnen und harret nur einer günstigen Gelegenheit, dem Schweden mit einigem Schein Rechtens den Kauf aufzusagen und des Kriegs sich zu entziehen; Brandenburg und Hessen sind mit jenem schon einverstanden, und werden sich ihm bald anschließen; der stolze Reichskanzler, wenn er den Krieg auch fortzusetzen vermöchte, ist euer Freund nicht; Frankreichs schlüpfrige Politik läßt den edlen Kämpfer für Freiheit und Recht im Stiche — und so steht ihr allein und verlassen und geächtet auf dem Kampfplazze, blos gestellt und preis gegeben der Rache des fanatischen Ferdinands. Bedenkt dies wohl, edler Herzog! und nehmt es zu Herzen. Es ist keine luftige Mähre, die ich euch da erzähle, kein Traumgebild, das ich euch vorhalte — es ist Wahrheit — reine schrekliche Wahrheit, und Wallensteins Antrag zur Einigung ist seiner ernsten Überlegung und seines männlichen Endschlusses gereifte Frucht.

Herzog Bernhard.

Das glaub' ich euch gerne, und glaube, daß es der Mann redlich mit mir und der Sache, die ich verfechte, meinen kann und mag. Aber der Antrag ist mir zu überraschend, zu unerwartet — Das Schauspiel, in welchem ich eine Hauptrolle übernehmen soll, noch zu neu und zu fremd, als daß ich euch auf den Augenblik weder mit Ja noch mit Nein bescheiden könnte.

Herzog Franz.

Der Handel hat Eile, Freund! aber so sehr nicht, daß ihr die Sache nicht erst in reifere Überlegung ziehen solltet. Ich mag euch nicht übereilen. Berathet euch darüber mit euern Freunden, und sagt mir bis Morgen Antwort.

Herzog Bernhard.

Wohl, Vetter Franz! Ihr laßt's euch Heute bei uns gefallen und wohlseyn beim Becher der Freude, und Morgen geb' ich euch mit offenen nüchternen Sinnen redlichen Bescheid.

Pilsen. Zimmer im Schlosse.

Herzog Albert. Pater Chiroga.

Herzog Albert.

Was will man noch mehr von mir? Soll ich noch mehr daran sezzen, unmögliche Dinge zu unternehmen? soll ich nebst den Millionen, die ich zur Werbung, Rüstung und Erhaltung des Heeres auf meine Gefahr zusammen gebracht habe, auch das Heer selbst und meine Ehre aufopfern? — Es ist entsezlich, was man von mir fodert, und wie man mich dabei zugleich vernachlässiget. Aber ich bin es müde, der

Spielball in der Hand meiner Feinde zu seyn, und mir ihrentwegen außer dem unersezlichen Verlust meines Vermögens, und meines hohen Rufs auch noch kränkende Vorwürfe, beschimpfende Verweise und rächende Verfolgungen zuzuziehen, und bin es müde, über eure verschmizten Anträge und über eure haarfeinen Ausholungen nur noch ein Wort zu verlieren.

Pater Chiroga.

Erlauchter Herr Herzog! ihr nehmt —

Herzog Albert.

Ich nehm' euch, wie ich euch finde, und halt' euch für das, was ihr seid — für einen Pfaffen, und wiederhol' es euch noch einmal, daß ich's müde bin, mich von euch auslisten zu lassen.

Pater Chiroga.

So aufgebracht, so rauh und stürmisch sah ich den edlen Herzog von Friedland noch nie.

Herzog Albert.

Geht nach Wien und in den Pallast des großen Erzbischofs — dort findet ihr abgeschliffene, feingeglättete und süßlächelnde Menschen und Buben, wenn die Rauhheit der Soldaten in Pilsen euch anstößig und widerlich ist. Ueberhaupt seh' ich auch nicht ein, was ich mit euch zu schaffen und abzumachen habe. Wenn ich meiner Seelsorge wegen in Noth bin, so lass' ich mir meinen Hofkaplan rufen und lasse mir von ihm Salbung und Hülfe geben. Aber mit euch —

Pater Chiroga.

Verzeihung, Herr Herzog! Der König von Spanien hat mich ausdrüklich beauftragt —

Herzog Albert.

Hält seinen Residenten, den edlen Don Navarro, an meinem Hofe, durch welchen er mir seine guten Wünsche und Erbietungen ehrlich und sicher eröffnen lassen kann. Ihr seid der spanischen Königin Beichtvater und Gewissensrath — warum vernachlässiget ihr euer heiliges Amt und ihr zartes Gewissen, und ziehet dafür auf Kundschaften aus? Mönche und Pfaffen mögen wohl gut und anstellig seyn, aber zu weltlichen Geschäften taugen sie nicht, und die Erfahrung aller Zeiten und Völker hat es schon vielfach bewiesen und beurkundet, daß sie den Regierungen schädlich sind.

Pater Chiroga.

(Für sich) Abscheulicher Mensch! Diese Lästerung soll dir theuer zu stehen kommen. (laut) Darüber kann und darf ich nun weiter mit euch nicht rechten, und will euch nur noch ein Mal im Namen des Königs von Spanien fragen: ob ihr den Infanten von der italischen Grenze an bis in die Niederlande mit sechs tausend Reitern geleiten lassen wollet, oder nicht?

Herzog Albert.

Mit sechs tausend Fürbitten aller Heiligen, aber mit keinem meiner Troßbuben. Wenn der König von Spanien des von ihm unabhängigen Herzogs von Friedland bedarf, so soll er es ihm durch den rechten

Mann vortragen lassen, und ihr sollet der zarten Gewissenspflanze eurer Königin warten und pflegen, und euch mit mir wenigstens nicht in weltliche Händel vermengen wollen. Gehabt euch wohl, Herr Pater! und betet fleißig für meine arme Seele, behelliget mich aber ja nicht wieder in solcher Angelegenheit.

Pater Chiroga.

Es kränkt und schmerzt mich unaussprechlich, daß ich heute nicht Gnade gefunden habe vor euern Augen, und daß euch meine geringe Person heute so äußerst mißfällig —

Herzog Albert.

Nicht eure Person, guter Pater! sondern euer anmaßendes Eingreifen in fremde

Händel. (führt ihn nach der Thüre und öfnet sie) Gott befohlen, ehrwürdiger Herr!

Pater Chiroga.

Gott und alle Heiligen mit euch, Herr Herzog! — (für sich) und Satanas mit dir in die unterste Hölle. (ab)

Herzog Albert.

Das Heuchlergesicht! es wird mich noch toll machen. — (ruft) General Piccolomini!

Herzog Albert. General Graf von Piccolomini.

Herzog Albert.

Ihr habt doch gehört, was und wie ich mit dem Jesuiten gezwiespracht habe?

General Piccolomini.

Daß mir die Ohren noch sausen und brausen. Ihr habt dem Männlein scharfe Ladung gegeben.

Herzog Albert.

So muß es auch seyn, wenn man sich des Gezüchts entledigen will. Dieser Mensch — diese jesuitische Spinne wird mir so nahe nicht wieder auf den Leib kommen. — Sezt euch, Freund! ich muß ein Wort im Vertrauen mit euch sprechen. (sie sezzen sich) Es spricht sich nicht gut mit troknen Lippen, und ich muß mir das eingehauchte Spinnengift von der Zunge spühlen. (klingelt; ein Edelknabe kommt) Wein! (der Edelknabe geht, und kommt sogleich wieder zurük mit einer großen kristallnen Flasche Wein und zwei goldenen Bechern) Wir kredenzen uns selbst.

Eine frische Flasche, wenn ich schelle. (Edelknabe ab; Wallenstein füllet die Becher) Ächtes unverfälschtes Gold dieser Wein, wie ich wünsche, daß es euer Herz seyn mag.

General Piccolomini.

(für sich) Was mag er wollen? So traulich sprach er noch nie mit mir, und so pflegt er überhaupt auch mit seinen besten bewährtesten Freunden nicht zu sprechen.

Herzog Albert.

Ihr seyd in Sinnen und Dichten verloren, Graf! Ich nahm euer Herz in Anspruch —

General Piccolomini.

Verzeiht! (feurig) Piccolominis Herz ist bieder und edel, und euch bis zur Aufopferung des Lebens treu ergeben.

Herzog Albert.

Das glaub' und hoff' ich von euch, und hab' auch die Beweise. (reicht ihm einen Becher) Trinkt! — (anstoßend) Zum Teufel alle jesuitische Falschheit!

General Piccolomini.

Von ganzer Seele diesen Wunsch, so guter Katholik ich auch bin. (sie trinken)

Herzog Albert.

(füllt die Becher) Noch eins, Freund! Das Gift ist noch nicht rein hinweg. (stößt an) Auf Treu' und Glauben und auf strenge sakramentliche Verschwiegenheit!

General Piccolomini.

Die kann ich euch zuschwören auf alle Fälle. Gift soll mir werden dieses edle Traubenblut, wenn ich nicht reinen Mund halte und tief in mein Herz vergrabe, was ihr nicht an den Tag gebracht haben wollet.

Herzog Albert.

Es gilt, Piccolomini! (sie trinken) Rein ausgeleert auf diesen Schwur, wie auf das Gelübde der ersten Liebe! — So sahet ihr den gestrengen Albert von Wallenstein wol noch nie?

General Piccolomini.

So traulich = kosend und scherzend noch nie —

Herzog Albert.

Und gewiß auch so fürchterlich = ernst und empört noch nicht, als in diesem Augenblikke.

General Piccolomini.

(für sich) Teufel was mag er im Schild=

führen, und worauf mag er es mit mir anlegen wollen?

Herzog Albert.

Aber gegen euch bin ich Freund. Euch hab' ich erprobt und bewährt erfunden. Auch hat Seni mir versichert, daß wir unter einerlei Gestirn geboren sind und ganz einerlei Sinn haben. (mit einem durchdringenden Blik) Auf euch kann ich mich also sicher verlassen; auf eure treue Anhänglichkeit und unerschütterliche Standhaftigkeit kann ich bauen —

General Piccolomini.

Wie auf euch selbst, edler Herzog und Freund!

Herzog Albert.

Wohlan! so will ich mich euch zeigen, wie ich bin, und mein Innerstes euch aufschließen. Aber vor allen Dingen, Freund! — was dünkt euch von unserer Lage, und von unsern Verhältnissen gegen die Regierenden in Wien?

General Piccolomini.

(für sich) Was soll ich ihm antworten? — (laut) Unsre Lage ist gewiß nicht die beste, und unsre Verhältnisse sind wenigstens sehr zweideutig.

Herzog Albert.

Schimpflich sind sie, und abscheulich, Graf! Wer beherrscht izt die Monarchie? — Die Pfaffen. Wer belastet und quält uns mit widersinnigen Befehlen? Die Pfaffen. Wer gebietet über das Schiksal der kaiserlichen Heere und arbeitet an unsrer Herabwürdigung und an unserm Verderben? — Die Pfaffen. Es ist entsezlich, es ist emhörend, mit welcher Undankbarkeit und Tirannei gegen die edle Soldateska izt verfahren wird. Der Kaiser kümmert sich nicht um uns und unterschreibt getrost, was die Jesuiten ihm vorlegen. An unsre treugeleisteten Dienste in der Noth, an unsre ungeheuern Aufopferungen, an die Wiedererstattung unsrer unermeßlichen Vorschüsse wird nicht mehr gedacht. Ich würde der leztern nicht zürnend erwähnen, und in Ansehung derselben auf bessere Zeiten hoffen, da ich wohl weiß, daß der Kaiser izt eben nicht im Überfluß sizt, wenn man nur wenigstens noch für die nothdürftigste Unterhaltung des Heeres besorgt wäre. Aber seit sieben Monaten ist dem Soldaten aus der kaiserlichen Kriegskasse kein Kreuzer bezahlt worden —

General Piccolomini.

Der Geldmangel mag in Wien freilich sehr groß seyn.

Herzog Albert.

So groß nicht, als man behaupten will. Für Pfaffen, Musiker und Gaukler ist in der Hofkasse noch immer Geld in Menge vorhanden gewesen. Aber auch angenommen, daß es wirklich daran gefehlt habe, und gegenwärtig noch fehle; so muß der Soldat nicht dabei leiden und darben. Wer sich mit einer Kriegsmacht umgeben will, der muß sie auch zu erhalten wissen. Geschaffen und gerüstet hab' ich sie dem großen römischen Kaiser in seiner äußersten Verlegenheit; erbärmlich genug, wenn er auch nicht einmal das wenigere, was der Sold beträgt, aufzubringen wüßte. Aber er weiß es, und es gebricht ihm auch nicht daran. Es sind in den tausend Domgestiften, Abteien und Klöstern seiner weitläuftigen Staaten noch unermeßliche Schäzze an Gold und Silber und Edelgesteinen vorhanden — warum greift er nicht darnach? warum läßt er die silbernen Heiligen nicht zu gangbarer Münze ausprägen? warum führt er sie nicht zur Sättigung seiner darbenden Krieger und zur Bekämpfung der Kezzer in die Welt zurük? Ich will damit nicht sagen, daß er die Kirchen und Klöster rein ausplündern und bettelarm machen soll. Nur ihres üppigen Überflusses soll er sie entladen, und entlehnen soll er von ihnen die Hälfte ihrer todtliegenden Schäzze bis auf den großen himmlischen Zahltag — und er ist auf zehen und zwanzig Jahre gesichert, ein Heer von hundert tausend Köpfen nicht nur in Brod und Sold, sondern auch in Wehr und Waffen wohl zu erhalten.

General Piccolomini.

Das werden die geistlichen Herren am Hofe nimmermehr zugeben.

Herzog Albert.

Wenn er sie darum erst befragen will. Aber freilich wol — die Pfaffen regieren am Kaiserhofe, und der fromme Ferdinand ist der sogenanten Kirche gehorsamster Sohn — und das ist eben das Elend. Und weil die Pfaffen in Wien regieren und Befehle schreiben, so muß der Geldmangel nicht aufhören, damit Wallensteins Soldaten keinen Sold erhalten, und damit sie deswegen erbittert und meuterisch werden sollen gegen ihren Heerführer. Versteht ihr mich, Piccolomini! wie ich die Tükke der Jesuiten verstehe?

General Piccolomini.

Ich verstehe, Freund! und weiß es, daß diese Herren euch mehr, als den Teufel, fürchten und hassen, und es kann wohl seyn —

Herzog Albert.

Es ist so, Graf! und euer italischer Spizkopf begreift es gar wohl, daß es so ist und so seyn muß, wo die Pfaffheit am Staatsruder sizt. Man entzieht dem Soldaten den nothdürftigsten Unterhalt, vorenthält ihm seinen verdienten Sold, behandelt ihn mit beschimpfender Geringschäzzung und unerträglicher Tirannei und schiebt listig die Schuld von dem allen auf Wallenstein, in der heimtükkischen schadenfrohen

Hoffnung, daß man dem Furchtbaren so am sichersten beikommen und ihn um die Liebe und Treue seiner Krieger betrügen werde. Hätte man ihn darum nur erst gebracht, so hätte man ein gewonnen Spiel mit ihm, und man thät mit ihm so gütlich wie die Kazze mit der gefangnen Maus. (bitter lachend) Trefflich! herrlich! ein Meisterstreich, wenn er den Plattköpfen gelänge! (faßt die Becher) Trinkt! (sie trinken) Den hab' ich auf ihre Höllenfahrt geleert. (klingelt; der Edelknabe bringt eine frische Flasche, und entfernt sich) Wir trinken noch eins, Piccolomini! (einschenkend und anstoßend) Muthig entschlossen und so rasch als mannhaft ausgeführt —

General Piccolomini.

Was eure Weisheit für recht und gut befindet. (sie trinken)

Herzog Albert.

Uns geschieht unrecht, Freund! darum ist es Pflicht für uns, daß wir uns selbst Recht zu verschaffen suchen. Man bethört und betrügt uns, man mißhandelt und unterdrükt uns, man will uns bettelarm und kraftlos machen, damit wir den Regenten in Wien nicht mehr furchtbar seyn sollen. Dies ist der Plan der Dietrichsteine und Chiroga, der Ferdinande und Maximiliane — dies der Meisterstreich, den die römisch=jesuitische Politik uns heimtükkisch zu spielen gedenkt. Aber ich will den Buben zuvorkommen, bevor ich mich schimpflich von ihnen fortjagen lasse — ich will binnen drei Tagen den rükständigen Sold meiner Truppen, Wiedererstattung meiner vorgeschossnen Millionen und damit zugleich meinen Abschied vom Kaiser fordern.

General Piccolomini.

(für sich) Das also nicht, was ich fürchtete — dies jedoch so schlimm, als jenes! (laut) Um Gotteswillen! was wollt ihr in eurem Ungestüm beginnen?

Herzog Albert.

In meinem gerechten Zorn aufstehen und davongehen will ich —

General Piccolomini.

Und durch euern raschen Abgang Tausende unglücklich machen? Wir Alle haben noch beträchtliche Forderungen. Nehmt ihr euern Abschied, verlaßt ihr die Männer, die im Vertrauen auf euch ihr Vermögen aufgeopfert, ihre Güter verpfändet oder verkauft und mit euch sich arm gedient haben: so sind wir bezahlt.

Herzog Albert.

Freilich sehr schlimm und leider! nicht anders zu erwarten. Wie hoch beläuft sich euer rükständiger Sold?

General Piccolomini.

Auf zwölf tausend Thaler — der Inbegrif aller meiner Glüksgüter. Hätte mich eure Großmuth nach der Lüzner Schlacht —

Herzog Albert.

Gedenkt dieser Kleinigkeit nicht, und seyd versichert, daß ihr nicht darben sollt, wenn man euch auch um euern wohlverdienten Sold betrügen wollte. Aber was zu thun, wenn alle Generale, Obersten und Offiziere bei der Eröffnung meines Vorhabens so sprächen, wie ihr, und so in mich drängen, wie ihr? Daß man mich zu stürzen trachtet, und daß keine Zeit zu verlieren ist, wenn ich der entehrenden Absezzung zuvorkommen will: das weiß ich so gewiß, als ich lebe. Was also zu thun, um meine braven Kameraden zu sichern und zugleich auch meine Ehre zu retten?

General Piccolomini.

Wenn ihr euch nun noch ein Mal mit Ernst und Nachdruk an den Kaiser selbst verwenden wolltet —

Herzog Albert.

Wohl gerathen, Piccolomini! (füllt die Becher) Auf diese Verwendung — (stößt an)

General Piccolomini.

Daß sie euch im ganzen Umfange eurer Foderungen gelingen möge! (sie trinken)

Herzog Albert.

Sie wird, sie muß mir gelingen — aber mit furchtbar donnerndem Ernst und gewaltig erschütterndem und zermalmendem Nachdruk diese Verwendung, sonst bringt sie mich um Ehre und Leben. — Ihr habt meine Freundschaft, Piccolomini! und seyd mein Zwillingsbruder in der Konstellazion — so müßt ihr auch um meine Geheimnisse wissen. Hört mich! — Der Kaiser hat den Vertrag, den er wegen wechselseitiger Übertragung und Übernehmung des Obergenerals mit mir errichtet hat, vielfach verlezt und endlich gar gebrochen, und hat alle und jede von ihm eingegangnen Bedingungen unerfüllt gelassen — folglich bin ich an diesen Vertrag nicht mehr gebunden und bin meiner Pflichten gegen ihn, meinen gerechten Foderungen an ihn unbeschadet vollkommen entlediget. Ich könnte also auch ohne Vorwissen und Einwilligung des Kaisers den Kommandostab niederlegen, und der Kaiser könnte mich darüber nicht verantwortlich machen, weil Er der Bundbrüchige ist und weil Er durch die Nichterfüllung der Vertragsbedingungen mich in die Unmöglichkeit versezt, ihm fernere Dienste zu leisten. Da man es aber geflissentlich darauf anlegt, mir den Dienst auf alle Weise zu verleiden und zu erschweren, um dadurch mich zur freiwilligen Abschiedsnehmung zu bringen, und so wehrlos zu machen, und da ich wehrlos der Rachsucht meiner vielen Feinde blosgestellt, und dann gar leicht zu überwältigen und zu fällen seyn würde: so will ich dem Kaiser den

Dienst nicht eher aufkündigen, bis ich die Gesinnungen der Herren Offiziere erforscht und mich ihrer fernern treuen Anhänglichkeit versichert habe. In dieser Absicht hab' ich sie insgesammt auf heute Abend zur Tafel einladen lassen, und hab' es dem Feldmarschall Illo aufgetragen, den versammelten Herren meine und ihre Lage freimüthig zu eröffnen und ihre Meinung darüber zu vernehmen —

General Piccolomini.

(für sich) Noch versteh' ich ihn nur zur Hälfte und er scheint mir mit dem, worauf es eigentlich abgesehen ist, noch zurükzuhalten. (laut) Man wird über den Vortrag des Feldmarschalls schrekhaft betroffen werden, wird sich aber eurer Abdankung auf alle Fälle widersezzen und euch zur Beibehaltung des Oberkommandos zu bewegen suchen.

Herzog Albert.

Daran allein kann mir schlechterdings nicht gnügen und ich muß ungleich stärkere Zusicherungen ihrer Treue und Anhänglichkeit erhalten, wenn ich gegen die Angriffe meiner mächtigen Feinde gedeckt werden, und mir und ihnen selbst Genugthuung zu verschaffen im Stande sein soll. Behalt' ich das Oberkommando in der Maaße und mit der beschränkten Macht und Gewalt, wie ich es zeither geführt habe: so ruhen und rasten die großen und kleinen Pfaffen in Rom, Madrit und Wien samt allen ihren dummen fanatischen und boshaften Kreaturen nicht eher, bis sie mich gestürzt, oder wohl gar gemeuchelt haben. Begeb' ich mich hingegen der höchsten Kriegsgewalt freiwillig, um mich keiner schimpflichen

Wegjagung auszusezzen und ihren Giften und Dolchen im Schatten des Privatlebens zu entgehen: so mach' ich mich selbst wehrlos und stehe allein, verlassen und ohne Hülfe da, und dann kann der falsche Hofkriegsrath mich zur Verantwortung vorfodern, und die heilige Inquisizion kann ihre Krallen in meine Eingeweide schlagen, und jeder gedungene fanatische Mordbube kann ungestraft über mich herfallen und mir das Messer ins Herz stoßen, oder henkermäßig mir das Genik brechen — und es wird kein Hahn darüber krähen, und keine Thräne darüber vergossen werden. So oder so bin ich ein unglüklicher, von allen Todesgefahren umgebner Mensch, und bin nun einmal unschuldig verdammt in Zeit und Ewigkeit von der triumphirenden Bosheit meiner Feinde und von der frommen Blödsinnigkeit des Kaisers — und bin folglich im Stande der Nothwehr. So, Piccolomini! müssen die heute zu Rath versammelten Herren mich und meine Lage betrachten, darnach müssen sie ihre Endschließungen bestimmen, und müssen offen und ehrlich erklären: ob sie dem Mann' in der Nothwehr treulich beistehen, oder ob sie ihn auf diesen Fall, und wenn die Majestät des Kaisers und die Heiligkeit der Pfaffen sie abruft, hülflos verlassen und der Wuth seiner Feinde preisgeben wollen? — Was meint ihr dazu?

General Piccolomini.

(für sich) Ha des Verräthers! izt wird er sich enthüllen. (laut und feurig) Sie werden euch, sie müssen euch ihrer vesten Anhänglichkeit, ihres treuen unerschütterlichen Beistandes in jeder Gefahr und unter allen Umständen versichern, und zugleich mit euch gegen jeden Angreifenden in den Stand der Nothwehr treten.

Herzog Albert.

Glaubt ihr? Wenn ich mir darauf Rechnung machen könnte —

General Piccolomini.

(mit erkünstelter Herzlichkeit) Wie ist es möglich, daß sich darüber in eurem Herzen auch nur der mindeste Zweifel noch regen mag? Was wären wir ohne euch? und was würde unser Aller Schiksal seyn, wenn Wallenstein uns nicht mehr anführte, für uns nicht mehr dächte, sorgte, handelte — seine unerschöpflichen Hülfsquellen uns nicht mehr flössen? — Nein, edler Herzog! ihr sollet nicht zweifeln an der freudigen Bereitwilligkeit aller eurer Soldaten vom Höchsten bis zum Niedrigsten, euch beizustehen in jeder Gefahr und in jedem Kampfe, den ihr kämpfen möget und müsset zum Schuz und zur Nothwehr für Recht und Freiheit, oder zur gewaltsamen Ertruzzung dessen, was euch und uns gebührt, und vorenthalten oder wohl gar verweigert wird von der Bosheit und Tyrannei unsrer Feinde. So spricht Oktavio Piccolomini, und so werden sie Alle sprechen, die Männer, die ihr auf heute zu Rath berufen habt.

Herzog Albert.

(freudig) Brav! brav! — Wenn sie so sprechen, Piccolomini! und dessen so herzlich mich versichern, wie ihr; so lach' ich jeder Arglist und jeder Heimtükke, und truzze jeder Gewalt, und räche mich, euch und die ganze teutsche Christenheit an den geschornen und ungeschornen Tyrannen, die jeden wakkern Mann zum Schurken bekehren, oder in den Staub treten wollen. Und ahnet ihr, was dann geschehen soll, geschehen muß? — ahnet ihr es?

General Piccolomini.

Ihr werdet euren Feinden zuvorkommen — (für sich) Nun muß er sich doch enthüllen.

Herzog Albert.

Allerdings! und werde dem Kaiser straks auf den Leib gehen, und werde nicht ruhen und rasten, bis ich ihn selbst in meine Macht und Gewalt gebracht, ihm alle seine Kronen vom Haupte gerissen und zertreten, und das ganze Haus von Österreich nicht in Teutschland allein, sondern auch in allen Landen, wohin dessen tyrannische Herrschaft sich erstrekt, rein von der Wurzel vertilgt und ausgerottet habe. — Das will und das werde ich, Piccolomini! wenn man uns nicht zufrieden stellt. Und nun frag' ich euch, Mann und Held! Habt ihr diesen kühnen Gedanken, diesen mannhaften unerschütterlichen Endschluß geahnet?

General Piccolomini.

Er ist von eurer überwiegenden Geistesgröße geringer nicht zu erwarten. Aber bedenkt, was ihr unternehmt. Der Kaiser ist allerdings geschwächt und vielleicht in wenigen Tagen in eurer Gewalt, dahingegen Ungarn und Spanien noch unermeßliche Hülfsquellen und ungeheure Streitkräfte besizzen, und sich so leicht nicht werfen und unterjochen lassen werden. Es ist fürwahr! ein edles göttliches Beginnen, das seufzende Europa von der Tyrannei der Willkühr zu befreien; es ist aber auch ein Wagstük ohne Gleichen —

Herzog Albert.

Schrekhaft für gemeine Seelen schon der Gedanke daran, aber freudig erhebend für große Geister — schwer und weitaussehend das Werk, aber nicht unmöglich und nicht unwahrscheinlich die Ausführung. Es muß gewagt seyn, Kriegskammerad! und es wird mir gelingen — gewiß glüklich und glorreich gelingen. Ich bin nun einmal so weit gebracht worden, mich und meine Ehre und mein ganzes Heil dem Glük zu vertrauen — so wird es mir auch hold seyn und mir den Rükken nicht zuwenden. Auch hab' ich das Unternehmen reiflich erwogen und es nicht leichtsinnig auf Sand gebaut — es stüzt sich auf den festen unerschütterlichen Felsenpfeiler der protestantischen Union. Aber der Hauptgrund muß von den Helden gelegt werden, die ich izt anzuführen die Ehre habe. Geloben diese mir unverbrüchliche Treue und mannhaften Beistand, so sind wir binnen acht Tagen in Wien und beginnen das Werk mit Freuden. Säumen dürfen wir damit keinen Tag und keine Stunde, weil Alles auf jache Überraschung ankommt —

General Piccolomini.

Still! ich höre sprechen im Vorgemach —

Herzog Albert.

Terzkis Donnerstimme. Der könnt' auch unsrer Unterredung Zeuge seyn, weil er ein Wissender ist.

General Piccolomini.

So hätt' es so gar viel nicht auf sich. Ich möchte aber doch nicht gern —

Herzog Albert.

Recht, mein Freund! Ihr arbeitet alle zu einem Zwek, aber Jeder muß in der Meinung stehen, daß er allein darum weis. So bleibt das Geheimnis wohl verwahrt im heiligen Dunkel, bis ich es selbst an das Licht ziehe. — (aufstehend) Oktavio! ich hab' euch mein Herz geöffnet —

General Piccolomini.

Und werde nicht zum Verräther dessen werden, was ich da gesehen und gehört habe.

Herzog Albert.

Eure Hand darauf. (Handschlag) Wohl! nun bau' ich ganz auf eure Treue.

General Piccolomini.

Auch ohnedies, edler Herr Herzog —

Herzog Albert.

Ich bin überzeugt davon, sonst würd' ich euch nicht zum zweiten Vertrauten meines Geheimnisses gemacht haben. Terzki hat mir wichtige Nachrichten zu überbringen und harret eures Abtritts mit Ungeduld. Auf den Abend sehen wir uns wieder. Indessen werbt ihr unter der Hand, ohne jedoch den wahren Zwek zu verrathen.

General Piccolomini.

Versteht sich, Freund! Ich werde keinen Augenblik unbenuzt lassen und kräftig vorbereiten. (geht)

Herzog Albert.

Noch Eins! Piccolomini! Ihr seyd General der ganzen friedländischen Reiterei mit sechstausend Dukaten Gehalt. Das übrige wird sich finden. Ihr kennt mich von dieser Seite —

General Piccolomini.

Eure unbegrenzte Großmuth — o! ihr sollt sie an keinen Undankbaren vergeudet haben. (ab)

Herzog Albert.

Der wäre nun auch mein Mann — ein großer bedeutender Mensch bei dem Schreckensspiele, das ich dem Kaiser und seinen Pfaffen zum Fasching zu geben gedenke. — (ruft) Terzki!

Herzog Albert. General Graf von Terzki.

General Terzki.

Wer verrieth euch schon meine nahe Gegenwart?

Herzog Albert.

Eure gewaltige Stimme im Vorgemach — eure Ungeduld, mir frohe Botschaft zu bringen.

General Terzki.

Die bring' ich euch auch. An den Kurfürsten von Sachsen war nicht wohl zu kommen und es war auch allzu gefährlich, da nur Winke zu geben, wo der Kaiser selbst schon seine Friedenshändler hält. Aber euer alter Freund Arnim ist für euch und für die gute Sache gewonnen, und wird sogleich mit zwölftausend Mannen in Böh=

men eindringen, wenn ihr nach Wien aufgebrochen seid.

Herzog Albert.

Der gilt mir unendlich mehr, als Johann Georg selbst. Nun fehlt nur noch der Abschluß mit Frankreich und Weimars Beitritt, so sind wir geborgen von allen Seiten. Unserer Kriegskammeraden werd' ich mich diesen Abend noch versichern. Ich habe die sämmtlichen Generale und Obersten zur Tafel einladen lassen. Wenn sie trunken worden sind, wird ihnen Illo den Vortrag machen. Immittelst wird Piccolomini treulich vorarbeiten und die gewichtigsten Männer für die Sache gewinnen —

General Terzki.

Piccolomini? Ihr habt euch dem Mann entdekt?

Herzog Albert.

Warum sollt' ich nicht? Er ist mir treu-ergeben, er ist mir ganz besonders nothwendig zu diesem Werke, er muß sich mit mir an die Spizze stellen.

General Terzki.

Daß er sich nur nicht an die Spizze eurer Widerpart stellt! Ich traue dem Welschen nicht. Dumm-fromm in seiner Religion und knechtisch-kriechend in seiner Ehrfurcht gegen den Kaiser, muß ihm euer Unternehmen äußerst gefährlich für den katholischen Glauben und hoch-verrätherisch gegen die Majestät des Reichs-Oberhaupts erscheinen, und es darf nur noch die Hoffnung einer reichen Belohnung für die Entdekkung des Geheimnisses in seiner Seele aufblizzen, so verräth er euch zur Ehre der

Religion und zur Befriedigung seiner Habsucht an den Kaiser, und ist wohl gar fähig, euch lebendig oder todt seiner Rache auszuliefern.

Herzog Albert.

Das hab' ich nicht zu fürchten, Freund! Seinen Glauben werde ich nicht antasten und werde mich wohl hüten, mit Zerstörung der Altäre und Verbrennung der Heiligen-Bilder mein Werk zu beginnen; seine Habsucht werd' ich zu sättigen wissen, und seinen Ehrgeiz hab' ich vorläufig schon zur Gnüge befriediget — ich hab' ihn zum General meiner Reiterei mit starkem Sold erhoben. Und dann, Terzki! wenn ich mich solchen Männern nicht vertrauen sollte und dürfte, wie Piccolomini und seines Gleichen, so hätt' ich den ungeheuren Gedanken an Ferdinands und seines ganzen Hauses Überwältigung sogleich in der Geburt ersticken, und meine Rettung und Rache für immer und ewig aufgeben müssen. Allein vermag ich Nichts; ich muß Theilnehmer und Werkzeuge zur Ausführung haben, und ich glaube und bin vest überzeugt, daß mir Piccolomini ein redlicher Theilnehmer und ein tüchtiges Werkzeug zur Rache und zur Verherrlichung meines Namens sein und bleiben soll.

General Terzki.

Ich will's wünschen, daß euch diesmal euer Glaube nicht bethören, euer Scharfblik nicht trügen mag —

Herzog Albert.

Darüber bin ich ganz ruhig, lieber Alter! — (am Fenster) Kinski kommt —

seine Eile weissaget gute Botschaft. Wenn sich Richelieus unausrottbarer Haß gegen das Hauß Österreich mit meiner Rache verbündet: so muß es fallen, so es auch auf Sankt Peters Felsen gegründet wäre,

---

Vorige. General Graf von Kinski.

Herzog Albert.

Ihr kommt zur guten, glüklichen Stunde, Kinski! Eure Botschaft wird die Heiterkeit meiner Seele nicht trüben.

General Kinski.

Das sagt euch schon der helle Blik meines Auges. Ich glaub' euch diesmal wenigstens kein ganz untauglicher Unterhändler gewesen zu seyn —

Herzog Albert.

Für untauglich hab' ich euch nie, wohl aber öfter für unglüklich gehalten. Wäre das erstere, so würd' ich euch den schlüpfrigen Handel mit einem französischen Kabinetsmann nicht noch einmal übertragen haben. Aber kurz zur Sache: Wie weit seyd ihr mit Fruquieres gekommen?

General Kinski.

Ich habe mit diesem nicht selbst, sondern mit seinem Vetter Arnaud gehandelt — wir sind bis zu eurer Genehmigung aufs Reine. Frankreich billiget den offnen Angriff und macht sich anheischig, euch bis zum allgemeinen Frieden jährlich mit einer Million Livres zu unterstüzzen, und eine halbe Million sogleich als Vorschuß zu bezahlen — an den Grenzen Italiens, im

Elsaß und wo es sonst erforderlich seyn möchte, zur Abwehrung fremder Hülfsvölker beträchtliche Heerhaufen aufzustellen — euer Unternehmen sogleich nach dessen offnen Beginnen durch ein königliches Manifest zu begünstigen und auch sonst mit aller Kraft euch beizustehen — euch zum Besitz des Herzogthums Mecklenburg, oder eines andern gleichgeltenden Landes wieder zu verhelfen — euch zur Behauptung der Krone Böhmen förderlich zu seyn und dazu auch die Beistimmung der protestantischen Stände euch zu verschaffen — und endlich auch von Seiten Frankreichs keinen Frieden zu schließen, bis euch dies alles vollkommen gewähret seyn würde.

Herzog Albert.

Alles gut und annehmlich, meine

Freunde! Aber was verlangt Frankreich dagegen von mir?

General Kinski.

Frankreich verlangt ausdrüklich, daß ihr euch der kaiserlichen Erblande sogleich und ohne Verzug bemeistern, daß ihr zu jeder Zeit ein Heer von vierzig bis funfzigtausend Mannen zu Roß und zu Fuß in Bereitschaft halten, daß ihr euch mit dem Schwedischen Reichskanzler, welcher ganz etwas anderes als Frankreich beabsichtige, in kein besonderes Bündnis begeben, und daß ihr ohne Frankreichs Vorwissen und Genehmigung weder mit dem Kaiser, noch auch mit irgend einem österreichisch gesinnten Fürsten euch in Friedenshandlungen einlassen, geschweige denn einseitig mit irgend einer Macht einen Frieden abschließen sollet.

Herzog Albert.

Wie billig, und zugestanden, und genehmigt in allen Punkten. Was soll aber mit Baiern geschehen?

General Kinski.

Maximilian von Baiern, meinte der französische Bevollmächtigte, sey einer scharfen Züchtigung allerdings wohl werth und der König, sein Herr, gönne sie ihm von ganzer Seele, doch wünsche und begehre der Kardinal Richelieu, daß solche nicht zum Nachtheil der katholischen Religion in den baierischen Landen ausschlagen möge. Würde Maximilian darauf sich fügen, die kaiserliche Parthei verlassen und an Frankreich sich anschließen: so möchte man ihn von Stund' an mit Glimpf und Schonung behandeln — wo nicht, so sey er für seine

Person und für seine Güter eurer Rache ganz blosgestellt und preis gegeben.

Herzog Albert.

Wie süß die Rache mir schmekken und wie mein Auge sich weiden soll an der Demüthigung des Verhaßten!

General Kinski.

Endlich erklärte noch Arnaud, daß der König von Frankreich euch freie vollkommne Macht und Gewalt lasse, den Krieg nach eurem Gutdünken zu führen und in den eroberten Landen nach eurer Willkühr zu schalten und zu walten, daß ihr aber ja nicht lange zögern und zaudern, sondern mit Einmal losbrechen und rasch und plözlich über den Feind herfallen möchtet, weil ohnedies durch längern Verzug die Sache verrathen und dann gar leicht zernichtet werden könne.

Herzog Albert.

Allerdings! An mir soll es gewiß nicht fehlen, und wenn nicht alle Mächte des Himmels und der Hölle sich wider mich vereinigen, so halten wir den Fasching in der kaiserlichen Burg zu Wien. — (Der Herzog Franz von Lauenburg wird gemeldet und angenommen) Ein glüklicher Tag, der glüklichste meines Lebens, wenn auch dieser mit erwünschter Botschaft zurükkehrt.

Vorige. Herzog Franz Albert.

Herzog Albert.

Willkommen, Herzog! Es sind bis auf diesen Augenblik eitel erfreuliche Botschaften eingelaufen, so werd' ich doch auch von euch keine widrige erhalten. — Frei heraus mit der Sprache! Ihr seyd unter Freunden und Wissenden. Wie ist euer Antrag in Weimar aufgenommen worden?

Herzog Franz.

Anfangs mit Befremden und Unglauben Herr Herzog! Es hat mir Mühe gekostet, den vorsichtigen Bernhard von der Aufrichtigkeit eurer Gesinnungen und von dem Ernst eurer Entschließungen gegen den Kaiser zu überzeugen.

Herzog Albert.

Es ist euch aber doch noch mit ihm gelungen?

Herzog Franz.

Euren Wünschen nach und für den Augenblik nur zur Hälfte, in der Hauptsache jedoch und für die Zukunft vollkommen.

Held Bernhard erwiedert dem edlen Herzog von Friedland den Gruß der Freundschaft und Ehrerbietung, billiget euer mannhaftes Unternehmen, insofern es auf Abwehrung aller und jeder geistlicher und weltlicher Tyrannei und auf Verfechtung der teutschen und protestantischen Freiheit abzwekt, und giebt euch sein ehrliches Fürstenwort, daß er euch kräftigst dabei unterstüzzen und sich mit seiner ganzen Macht an euch anschließen wolle und werde, doch nicht eher, als bis er in sichre Erfahrung gebracht habe, daß der Aufstand wirklich schon geschehen und das Heer dabei euch treu geblieben sey.

Herzog Albert.

Wohl und gut, Freunde! Diese Erfahrung soll ihm in dieser Woche noch werden.

Wenn er sich immittelst nur in Bereitschaft hält.

Herzog Franz.

Auf alle Fälle. Kommt ihm Heute die verlangte Nachricht, so steht er Morgen schon vor Eger. Er hat sich in dieser Absicht schon nach Bamberg begeben und wird seine Regimenter in der Gegend von Culmbach und Baireuth zusammen ziehen.

Herzog Albert.

Ein rascher treflicher Kriegsmann, dieser Bernhard! Wir erobern die Welt, wenn wir uns vereinigen und gemeinschaftlich arbeiten. — Freunde! Heute hat mich das Glük ganz vorzüglich und ausgezeichnet begünstiget. Es bleibe mir treu und hold bis Mitternacht und begünstige das lezte schwere Geschäft der Bundesschließung — so kann es uns Morgen und auf die ganze Zukunft nicht fehlen, so haben wir schon gewonnen Spiel und die Tyrannen müssen zu Boden!

Astrologisches Arbeitszimmer.

Astrolog Seni. General Graf von Piccolomini.

General Piccolomini.

Verzeihung, weiser Mann! wenn ich euch in euren Forschungen störe! Bange Unruhe hat mich in eure Einsamkeit getrieben; peinigende Zweifel nöthigen mich, bei eurer Weisheit mich zu berathen.

Seni.

Was wollt ihr? und wie mögt ihr euch unterfangen, mit eurem Bedürfnis mich behelligen zu wollen? Geht, Herr Graf, ich habe keinen Rath für euch, und ich kann und darf nur dem Einzigen dienen, für welchen die Gestirne mich bestimmt haben.

General Piccolomini.

Wenn ich nun aber dieses Einzigen Zwillingsbruder in der Konstellazion wäre?

Seni.

Wer hat euch das gesagt? wer es euch verrathen?

General Piccolomini.

Wallenstein selbst. Wir wären unter einerlei Gestirn gebohren und folglich asträische Zwillingsbrüder — so hat er mir Heute erst offenbart und hat sein Schiksal vester und unauflöslicher an mein Schiksal geknüpft.

Seni.

Hat er das gethan? — wohl! so kann ich euch auch zu Diensten seyn. Was verlangt ihr von mir?

General Piccolomini.

Zu wissen: ob Heute die Gestirne uns hold sind?

Seni.

Sie sind euch hold, und es wird und muß euch Heute alles wohl gelingen.

General Piccolomini.

Aber auch ausschlagen zu unserm wahren dauernden Glük, was wir Heute beschlossen und begonnen haben, und vielleicht noch fürder beschließen und beginnen werden?

Seni.

Mein Auge trägt nicht weit in die Ferne, Graf! und die naheste Ferne schon ist in geheimnisvolles Dunkel gehüllt.

General Piccolomini.

So hüllet sich eure Weisheit absichtlich in geheimnisvolles Dunkel, um nicht beleuchten und aufhellen zu wollen, was Heute geschehen ist und noch geschehen wird zur Beschimpfung und Verherrlichung dieser Zeit.

Seni.

Ich bin nicht befugt und berechtiget, jedem Neugierigen eine Leuchte vorzuhalten. Ist euch der Weg, den ihr eingeschlagen habt oder noch einschlagen wollet, zu dunkel und zu gefahrvoll: so kehret um und verlaßt ihn wieder. Ist er euch noch nicht geebnet genug und fürchtet ihr die scharfen Steine des Anstoßes, des Ärgernisses und der Verantwortung: so räumt sie hinweg und macht's euch fein bequem und lustig. Banget und grauet euch vor dem schmerzlichen Kreisen der Zukunft, so haltet's mit den Kindern der Gegenwart und mit den Genüssen des Augenbliks —

General Piccolomini.

Ihr sagt mir da Dinge, die ich nicht verstehe und wenigstens nicht zur Sache gehören.

Seni.

Ich weiß von eurer Sache nichts, und ihr habt mir eure Sache noch mit keinem Laute, keinem Winke verrathen.

General Piccolomini.

Daß der weise Seni darum nicht wissen,

daß Wallenstein eure göttliche Wissenschaft darüber noch nicht zu Rath gezogen haben sollte?

Seni.

Wenn eure Sache zugleich auch Wallensteins Sache ist, so könnet ihr ja das Nöthige von diesem am besten erfahren. Was ich meinem Herrn und Meister zu eröffnen verpflichtet bin, das bin ich euch und allen andern Menschen zu verschweigen verpflichtet.

General Piccolomini.

Ehrlicher Alter! Euer Herr und Meister hat euch doch gewiß schon über das, was Heute noch geschehen soll, räthlich befragt.

Seni.

Wenn er mich befragt hat, so hab' ich ihm wohl auch ehrlich geantwortet.

General Piccolomini.

Und was? — Seni! was? — Hundert goldne Gewappnete drük' ich euch in die Hand, wenn ihr mir ehrlich offenbart, ob Wallensteins heutiges Beginnen von glüklichen oder unglüklichen Folgen seyn werde?

Seni.

Behaltet euer Gold zur Bezahlung eurer Seelbäder. Mein weniges Wissen will ich euch ohne Eigennuz mittheilen. Was Wallenstein Heute unternimmt, das unternimmt er mit Glük. Die guten oder bösen Folgen davon stehen nicht in den Gestirnen geschrieben; sie liegen in der Sache selbst — die Zeit wird sie entwikkeln und enthüllen. Ich wiederhol' euch zum Abschied meine vorige Lehre; banget und grauet euch vor dem schmerzlichen Kreisen der Zukunft, so haltet's mit den Kindern der Gegenwart und mit den Genüssen des Augenbliks. Mehr sag' ich euch nicht.

General Piccolomini.

Ihr seyd ein feiner Mann, Seni! und wollet nicht rein heraus mit der Sprache.

Seni.

Laßt mich in Ruhe, Herr Graf! Ich habe für euch keine Zeit mehr zu verlieren.

General Piccolomini.

So verzeiht, daß ich euch behelliget habe. (geht und spricht für sich) Der Schalk! er weiß um den Handel, und spielt mit dem Verräther unter Einer Dekke.

Seni.

Daß ich von diesem welschen Fuchs mich sollte ausholen lassen! Wag' es auf deinen Kopf, aber nicht um meinen Hals, wenn du so oder so zum Verräther werden willst. Ich werde mich wohl zu nehmen wissen bei diesem schlüpfrigen Handel, und werde auf alle Fälle, dem Kaiser oder dem Herzog gegenüber, ein schuldloser Mann erscheinen.

Nacht. Tafelzimmer im Schlosse zu Pilsen.

Generale und Obersten bei der Tafel; unter diesen Illo, Terzki, Kinski, Piccolomini, Gordon, Isolani, Schärfenberg, Spaar, Moor, Neumann, Lesle, Buttler, Deveroux, Walther, Magdonell. (Wallensteins Sessel ist leer)

General Terzki.

Wo bleibt der Herzog? Es wird ihm doch nicht etwas Ungleiches begegnet seyn?

General Kinski.

Ich fürchte nicht. Er ist wegen einer aus Wien gekommenen Botschaft abgerufen worden.

General Isolani.

Man drängt den theuern Herrn einmal wieder sehr hart.

Oberster Schärfenberg.

Man wird ihn so lange drängen, und wird auch nicht eher ruhen, bis man seine Geduld ermüdet und ihn zur Niederlegung des Kommandostabes gebracht haben wird.

General Piccolomini.

Wenn es so weit noch mit ihm kommen sollte —

Feldmarschall Illo.

Es ist schon, meine Herren! und es ist Zeit, den anwesenden Herren Generalen,

Obersten, Majoren und Hauptleuten die Wahrheit zu sagen und ihnen die reine Veranlassung zu ihrer heutigen Zusammenberufung freimüthig zu eröffnen. ' Der Herzog von Friedland, unser unumschränkt gebietender Oberfeldherr, steht so eben wieder auf dem nemlichen Punkte, auf welchem er vor vier Jahren stand und fiel. Seine zahllosen und mächtigen Feinde, die Pfaffen und Mönche von allen Farben und Regeln, und die spanischen Minister, der Kurfürst von Baiern und der Kardinal Dietrichstein an ihrer Spizze, haben den schändlichen Zwek ihrer vielfachen Mühen und Arbeiten nun endlich erreicht und des Kaisers Majestät zu dem unglüklichen Entschluß gebracht, den Herzog von Friedland, seinen treuen großmüthigen Diener, fallen zu lassen und ihrer Rache preiszugeben, und den König von Ungarn, seinen Sohn, zum Nachfolger des Unüberwindlichen zu erklären. (Allgemeines Geschrei des Unwillens und der Erbitterung)

General Isolani.

Ha! wenn es soweit schon gekommen wäre! — Es ist nicht glaublich — es ist nicht möglich!

General Terzki.

Aber schreklich — schreklich für den Herzog und für uns Alle, wenn es wahr wäre!

Oberste Gordon.

Unmöglich, meine Herren! es ist ja noch nicht das mindeste davon laut geworden.

Hauptmann Magdonell.

Es ist auch, mit Erlaubnis zu sagen,

noch kein kaiserlicher Befehl deswegen ergangen und öffentlich kundgemacht worden.

Feldmarschall Illo.

Schwachheit, Herr Hauptmann! Man wird es doch fürwahr! nicht erst in offnen Briefen und Befehlen der Welt ankündigen, wenn man einen Mann, wie Albert von Wallenstein, stürzen will. Die Jesuiten in Wien wußten das schändliche Ding wohl feiner anzudrehen. Man mußte das hohe überwiegende Ansehen des Herzogs erst untergraben, mußte seine gewaltige Kräfte durch Ableitung oder Verstopfung seiner mannigfachen Hülfsquellen erst schwächen, mußte ihn mit widersinnigen und unausführbaren Befehlen bestürmen und ihn wiederholt in den Fall sezzen, die Befolgung derselben entweder geradezu abzuschlagen, oder stillschweigend zu unterlassen, um ihn dem Kaiser als einen eigensüchtigen, ungehorsamen und äußerst gefährlichen Mann darzustellen. Dies hat man auch redlich gethan, und hat alles aufgeboten und Alles gewagt, was man zur Entkräftung, Herabwürdigung und Verdächtigmachung des Oberfeldherrn nur immer hat aufbieten und wagen können. Die kaiserlichen Minister, umsponnen von der jesuitischen Arglist, eingeweihet in die Geheimnisse der spanischen Politik, und dabei zugleich herrschbegierig, geizig und raubsüchtig, haben dem Oberfeldherrn seit mehreren Monaten schon die zur Unterhaltung seines Heeres bestimmten Summen zum Theil vorenthalten; zum Theil auch unterschlagen und ihn dadurch in die Unmöglichkeit versezt, dem Soldaten seinen verdienten Sold unter allerlei Ausflüchten richtig bezahlen zu können. Der spanische Botschafter Onate hat die Hülfsgelder von zwei hundert tausend Thaler, welche der König von Spanien dem Herzog von Friedland monatlich zu gewähren sich anheischig gemacht hat, seit drei Monaten schon nicht bezahlt, und hat dem Kaiser frei erklärt, daß er nicht eher bezahlen werde, bis Wallenstein von der Armee entfernt und zur Rechenschaft gezogen, und der König von Ungarn mit der Oberfeldherrnwürde bekleidet seyn würde. Der kaiserliche Hofkriegsrath, wegen des Herzogs Unabhängigkeit von seinen Befehlen längst schon eifersüchtig und gegen ihn erbittert, hat keine Gelegenheit verabsäumt, dem schwachen Ferdinand alle Unternehmungen des Oberfeldherrn in einem zweideutigen und verdächtigen Lichte vorzustellen, und hat der kaiserlichen Majestät glauben gemacht, daß der Krieg sogleich nach Gustav Adolfs Fall glorreich für die Religion und das Reich hätte geendiget und ein ungemein ehrenvoller und herrlicher Friede hätte gewonnen werden müssen, wenn nicht Wallenstein absichtlich den Krieg in die Länge gezogen, und den Feinden zur Erholung und Kräftigung Zeit und Raum gelassen, ja sogar selbst Vorschub gethan hätte. Der Kaiser endlich hat in seiner Schwachheit nachgegeben und den Herzog durch die neuerlich ihm zugeschikten, ganz unmöglich zu befolgenden Befehle in den Fall gebracht, daß er schlechterdings als ein Ungehorsamer und Widerspenstiger vor ihm erscheinen, oder sich zum verächtlichen Werkzeuge jesuitischer Ränke mißbrauchen und sein schönes Heer der Auflösung und Vernichtung preisgeben muß, da er dem kaiserlichen Machtgebote zufolge sogleich sechs tausend Reiter zur Geleitschaft des Infanten von Spanien aus Italien in die Niederlande absenden und mit dem Überrest des Heeres ohne Verzug in Baiern eindringen soll —

General Isolani.

Ein tolles Begehren vom Kaiser! Wenn der Herr Infant so starker Geleitschaft bedarf, so hätt' er sie ja aus Spanien mitführen können. In solcher rauhen Jahreszeit läßt man seine Kavallerie keinen Lustritt von einem Ende Europens bis zu dem andern machen —

Oberste Spaar.

Und in solcher rauhen Jahreszeit geht man auch nicht auf Eroberung ganzer Länder aus.

Feldmarschall Illo.

Also, meine Herren! mag der Herzog so oder so handeln, so kommt er in Verdammniß. Unternimmt er den Feldzug nach Baiern, so geht er seinem gewissen Untergange entgegen, und was die Natur nicht aufreibt, das wird dem Schwert des Feindes wol nicht entrinnen.

General Terzki.

Izt ein neuer Feldzug — nimmermehr! Es wäre ja Thorheit, es wäre ja Raserei —

General Piccolomini.

Es ist unmöglich — bei dieser strengen schneidenden Kälte durchaus unmöglich —

Viele.

(zugleich) Unmöglich — unmöglich! Und wenn der Oberfeldherr auch wollte, so geschieht es doch nicht — so verweigern wir ihm den Gehorsam.

Feldmarschall Illo.

Nun dann, meine Herren! wenn dies unmöglich ist, so muß der Herzog des Kaisers Befehl nicht befolgen, und so muß er ihm den Gehorsam verweigern. Und dies ist es eben, was seine Feinde wünschen und wohin sie ihn haben wollen, um den guten Ferdinand nach ihrer Weise von Wallensteins feindseliger Widerspenstigkeit und Verrätherei scheinbar überführen zu können. Ist dies erst geschehen, so ist die Arbeit gethan, das Werk der Bosheit vollendet und des Herzogs entehrende Verabschiedung die nächste unausbleibliche Folge davon. Aber der Oberfeldherr, genau unterrichtet von den Anschlägen und Nachstellungen seiner Feinde, wird ihrem schadenfrohen Triumph durch die freiwillige Niederlegung seiner Ämter zuvorkommen —

Viele.

(zugleich) Nein! nein! das soll und darf nicht geschehen — er muß bleiben auf seinem Plazze und in seiner Würde und wir wollen ihn vertheidigen und schüzzen — seine Sache ganz zu unsrer Sache machen

Feldmarschall Illo.

Sie ist es auch, meine Herren! Wenn der Herzog von Friedland nicht mehr für uns wachet und handelt, so sind wir betrogen um unsern rükständigen Sold, um unser vorgeschoßnes und zugeseztes Vermögen, um die uns vielfach verheißnen und aufs theuerste zugesicherten Belohnungen unsrer Dienste. Wenn der Herzog von Friedland uns verläßt, oder wol gar gestürzt wird; so werden wir zerstreut, untergestekt, zur Re[illegible]enschaft gezogen —

Viele. (zugleich)

Nein! nein! das soll und darf nicht geschehen — dahin soll und darf es nicht kommen —

Vorige. Herzog Albert.

Herzog Albert.

Was soll nicht geschehen? wohin darf es nicht kommen?

Feldmarschall Illo.

Nicht zum Triumph eurer Feinde, nicht

zur Vollendung ihrer abscheulichen Arbeiten (steht auf und hebt seinen Pokal hoch empor) Es leb' unser durchlauchtigster Oberfeldherr, Herzog von Friedland!

Alle. (in gleicher Stellung)

Er lebe! und Verderben über seine Feinde! (die Pokale werden geleert)

Herzog Albert.

Zum herzlichen Dank für diesen freien jauchzenden Zuruf. (leert seinen Pokal) Aber die Veranlassung dazu?

Feldmarschall Illo.

Ich hatte der Versammlung die gegenwärtige Lage der Dinge und des Herrn Herzogs Entschliessungen eröffnet. Ein edler Unwille ergrif Aller Herzen, und bestürzt über den Triumph der Bosheit und über euer Vorhaben, rufte die ganze Ver=

sammlung: Nein! das soll und darf nicht geschehen!

Herzog Albert.

Es wird und es muß geschehen, meine Herren! und ich will und muß der Bosheit weichen, um [illegible] beschimpfenden Wegjagung zuvorzukommen —

Viele. (zugleich)

Entsezlich! — Man soll es nur wagen — Tod und Verderben, der euch antastet!

Herzog Albert.

Ich bin innigst gerührt von diesem lauten wahrhaftigen Beweise der treuesten, liebevollsten Anhänglichkeit. Aber zu unglüklich, um Gebrauch davon machen zu können, muß ich freundschaftlich dringend bitten, daß man es dabei bewenden lassen wolle, weil ich sonst noch größeren Verfolgungen ausgesezt seyn würde. Die Bosheit meiner Feinde hat über meine Rechtschaffenheit den Sieg davon getragen. Man hat mich mit der Schande des Verräthers gebrandmarkt, zu stürzen und sogar mit Gift aus der Welt zu schaffen versucht. Die unbestechliche Treue und sorgsame Wachsamkeit meiner Hausbedienten hat diesen verruchten Anschlag vereitelt, aber gegen jenen Streich sichert mich keine Macht, und selbst die Gnade und Freundschaft des Kaisers nicht. Ich muß der Bosheit abermals weichen, wenn ich, sey es auch mit Verlust meines Vermögens, meine Ehre und mein Leben retten will — ich muß, weil ich kein anderes Rettungsmittel sehe — ich muß, weil mich der Monarch so eben durch den Freiherrn von Questenberg diesfalls hat beschikken und bedeuten lassen, daß ich der Nothwendigkeit nachgeben und die vielfach gegen mich angebrachten schweren Klagen durch augenbliklich freiwillige Niederlegung aller meiner Ämter und Würden beseitigen möchte.

Viele.

Entsezlich! — Schändlich! — Nein nein! — das soll und darf nicht geschehen —

Herzog Albert.

Und doch, edle Waffenbrüder! Ich bin entschlossen, den freundschaftlichen Rath des guten Kaisers zu befolgen, und es nicht aufs Äußerste ankommen zu lassen — und ich würde keinen Augenblik angestanden haben, dem Unterhändler meinen Abschied mitzugeben und mich sogleich auf meine entlegensten Güter zurükzuziehen, so ich mich nicht wegen eines mir äußerst empfindlichen Umstandes noch mit euch zu berathen hätte. Wenn ich freiwillig abdanke, oder gestürzt und in Unehre weggejagt werde, so bin ich in die Unmöglichkeit versezt, dem Heere meine Verheißungen zu halten, und ihr seyd um die euch zugesicherten Belohnungen nicht nur, sondern auch um euer baares Vermögen betrogen. Diesen Umstand hab' ich euch vor meinem Abschiede noch zur Beherzigung anheimgeben wollen. Ich erwarte eure gutachtliche Meinung darüber in meinem Arbeitszimmer. (entfernt sich)

Vorige. (Ohne den Herzog Albert.)

Feldmarschall Illo.

Er verläßt uns. Sein Entschluß ist unerschütterlich, sein Verlust unersezlich. Er gehe, oder falle, so sind wir unglüklich und um unsern verdienten Sold, um unsre Vorschüsse, um unsre verpfändeten Güter betrogen, und werden forthin nicht mehr als freie adliche Kriegsmänner, sondern als feile Werkzeuge der Tirannei gebraucht und behandelt. Was soll nun geschehen? Schweigen wir zu unsers edlen Oberfeldherrn freiwilliger Abdankung und halten ihn nicht zurük; so wird das stattliche Werk seiner Schöpfung und unsre Verbindung aufgelöst, wir werden untergestekt, oder entlassen, und an die Wiedererstattung unsers aufgeopferten Vermögens wird nie wieder gedacht. Widersezzen wir uns hingegen seiner Abdankung und vereinigen uns zu der gemeinschaftlichen Bitte —

Viele.

Ja — ja! dazu wollen — dazu müssen wir uns vereinigen.

General Terzki.

Vergebliche Bitte, meine Herren! Der Herzog wird und kann sie uns nicht gewähren.

General Kinski.

Wird uns wenigstens sogleich entgegnen, wie wir verlangen könnten, daß er sich der Ungnade des Kaisers, oder wol gar der schimpflichsten Wegjagung aussezzen solle?

General Piccolomini.

Wer sollte den theuern Helden beschimpfen, und wie sollte Er Oberfeldherr beschimpft werden können, daß wir mit ihm nicht zugleich auch beschimpft würden? Wir haben mit ihm für eine und die nemliche Sache, und gleich brav und tapfer gefochten und wollte man ihn deswegen verantwortlich machen, oder wol gar in Unehren verabschieden, so müßte man ja gleich hart und tiranisch mit uns verfahren.

Oberste Moor.

Das steht uns allerdings bevor.

Oberste Schärfenberg.

Darum müssen wir uns vest an ihn anschließen, müssen seine Sache ganz zu unsrer Sache machen —

Rittmeister Neumann.

Wie sie es wahrhaftig auch ist.

General Kinski.

Und wenn sie es ist, Freunde und Waffenbrüder! wenn wir wegen unsrer Foderungen, unsrer Ehre und unsers Lebens so sehr, als der Herzog selbst gefährdet sind; so dürfen wir uns nicht trennen und müssen uns unter einander und mit unserem erlauchten Oberfeldherrn gegen männiglich zu Schuz und Truz verbinden. —

General Isolani.

Müssen ihn vor allen Dingen zur standhaften Behauptung seines Postens zu bewegen suchen.

Feldmarschall Illo.

Vergebliche Mühe, wenn wir uns ihm nicht ganz besonders verbindlich machen, wenn wir ihm nicht geloben und schwören, daß wir seine Feinde auch für unsre Feinde halten, ihm in jeder Gefahr mannhaft beistehen, ihn so freudig und wakker, als uns selbst, mit Gut und Blut, und mit Leib und Leben vertheidigen wollen.

General Terzki.

Das wird ihm nicht gnügen, darauf allein kann und wird er in unsre Wünsche nicht eingehen — es sey denn, daß wir ihm dies Alles schriftlich zusicherten.

Oberste Moor.

Warum sollten wir nicht? Wenn sich der Herzog auf unser Bitten zur Beibehaltung des Oberbefehls entschließt, so verbürgen wir uns mit Ehre, Leib und Leben für seine Sicherheit und stellen ihm einen Revers darüber aus.

J 2

General Isolani.

Ohne Bedenken, ihr Herren! Seyd ihr insgesamt des nemlichen redlichen Sinnes?

Viele.

Ja! ja! wir bürgen für ihn — mit Gut und Ehre — mit Leib und Leben.

Feldmarschall Illo.

Wohlan! so will ich es über mich nehmen, dem Oberfeldherrn die Gesinnungen und Bitten der Herren Generale und Obersten zu eröffnen. Inmittelst mag der Rittmeister Neumann den auszustellenden Revers zu Papier bringen, und findet mein Vortrag ein geneigtes Gehör, so wird sich Keiner der anwesenden Herren der Unterzeichnung desselben entbrechen.

Alle.

Keiner — keiner! Schande dem — Rache dem, der sich der Bürgschaft weigert! (Feldmarschall Illo geht)

General Isolani.

Einen Becher, Freunde! auf diesen mannhaften Beschluß zur Bürgschaft. (Die Becher werden gefüllt) Es lebe der Oberfeldherr, Herzog Albert von Friedland! und Haß und Rache allen seinen Feinden.

Viele.

Heil dem Herzog! — Verderben über seine und unsre Feinde!

General Piccolomini.

Und Heil dem Kaiser und dem ganzen österreichischen Hause! (leert seinen Becher)

Einige.

Heil — Heil dem Kaiser —

Viele.

Wenn er gerecht an uns und Wallenstein handelt!

Wien. Zimmer im erzbischöflichen Pallaste.

Kardinal Fürst von Dietrichstein. Pater Chiroga.

Kardinal Dietrichstein.

Kein Zweifel, hochwürdiger Freund! daß wir mit ihm gar übel berathen sind, wenn er auch nicht treulos und verrätherisch handeln sollte, da er es recht geflissentlich darauf anlegt, den geistlichen Stand nicht nur lächerlich und verächtlich zu machen, sondern uns auch alles Ansehens und aller

Gewalt über die Herzen der Großen zu berauben.

Pater Chiroga.

Ich habe die Erfahrung, und weis, was wir uns von seiner Gottlosigkeit und Tyrannei zu versprechen haben. Der Mensch muß aus dem Wege geschaft und ganz unfähig zu schaden gemacht werden.

Kardinal Dietrichstein.

Das ist entschieden und bedarf weiter keiner Überlegung. Wie aber den Kaiser zum Glauben an Wallensteins Verrätherei, und dadurch zu einer Machthandlung gegen ihn bewegen? und wie es anfangen, daß der gewaltige Bösewicht des Beistandes seiner Soldaten beraubt und den Händen der rächenden Gerechtigkeit sicher überantwortet werde?

Pater Chiroga.

Bedarf es hier zu Lande so außerordentlicher Behutsamkeit, einen mächtigen Verbrecher zu stürzen? Gebt mir den Menschen in Spanien, so wirft ein einziges von der heiligen Inquisizion gesprochenes Wort ihn in den Kerker, und seine Kreaturen zitternd in den Staub.

Kardinal Dietrichstein.

Teutschland ist nicht Spanien, mein theurer Pater! Die verdammte Kezzerei hat den Arm der Gerechtigkeit gelähmt und dem Diener der Religion das Schwerd aus der Hand gerungen — (ein Kammerherr überbringt dem Kardinal ein versiegeltes Schreiben) Von wem?

Kammerherr.

Ein Reiter vom Regiment Piccolomini

hat es überbracht und ist sogleich wieder davongeritten.

Kardinal Dietrichstein.

Gut. (Kammerherr ab; der Kardinal erbricht das Schreiben) Entsezlicher Bösewicht! (überreicht es dem Pater) Diese drei Zeilen stürzen ihn in die Hölle.

Pater Chiroga.

(lesend) «Ein alter, dem österreichischen »Hause treuergebner Soldat meldet dem »Herrn Kardinal zur gefälligen Benuzzung »vorläufig, daß gegen das theure Leben »des Kaisers eine abscheuliche Verschwö»rung im Werke ist, und verbürgt sich zu»gleich aufs heiligste, daß sie nicht zur »Ausführung kommen soll. Wallenstein — »der gewaltige Wallenstein steht an der »Spizze der Verschwornen. Soviel vorizt

»zur Warnung. Geschrieben im Lager bei »Pilsen.« — Das Ungeheuer! Welchen Gebrauch werdet ihr von dieser Nachricht machen?

Kardinal Dietrichstein.

Ich werde sie dem Kaiser sogleich mittheilen, und ihr begleitet mich zu ihm, damit ihr bezeugen könnet, daß sie mir so eben erst zu Handen gekommen ist.

Pater Chiroga.

Sehr gern, Herr Kardinal! Und wenn der Kaiser noch nicht glaubt, so weis ich nicht —

Kardinal Dietrichstein.

So müssen wir handeln, Pater! Durch Gift oder Dolch — Wallenstein muß fallen!

Pilsen. Zimmer im Schlosse.

Herzog Albert. General Graf von Piccolomini.

Herzog Albert.

Ich habe mich Gestern auf vereinigtes Bitten und Andringen der Herrn Generale und Obersten bewegen lassen, meinen Entschluß zurükzunehmen und das Oberkommando so lange beizubehalten; bis die zur Bezahlung der Armee erforderlichen Einrichtungen getroffen sein werden, und habe den diesfals zu meiner Bedekkung ausgestellten Revers bestens angenommen. Es sollte mich aber fast gereuen, meinen Freunden nachgegeben zu haben, da ich vernehmen muß, daß über die Unterzeichnung des Reverses Streit entstanden ist, daß einige Herren darüber gar bedenkliche Reden geführt haben, und daß man nicht undeutlich zu verstehen gegeben hat, es sei dies Alles von mir so veranstaltet, um mich der Soldateska noch mehr zu versichern und dann dem Kaiser selbst auf den Leib zu gehen —

General Piccolomini.

Mit nichten, Herr Herzog! Ich habe der Versammlung vom Anfang bis Ende beigewohnt, und kein ungehöriges Wort über euch und eure Maasnehmungen vernommen. Wahr ist es allerdings, daß bei Vorlesung des Reverses einige Misverständnisse entstanden sind und daß einige stark berauschte Herren von einer strafbaren Verbindung gegen des Kaisers Majestät sprechen wollten —

Herzog Albert.

Bewahre mich der Himmel vor solchen argen Gedanken!

General Piccolomini.

Euch, mich und jeden guten Christen! — Die voreiligen Plauderer sind aber sogleich eines bessern belehrt und zur Bescheidenheit verwiesen worden, und sind zu jeder Stunde bereit, euch um Verzeihung dessen zu bitten, was ihnen in der Trunkenheit entfahren seyn möchte.

Herzog Albert.

Auf diesen Fall will ich des Geschwäzes nicht achten und mein Wort nicht wieder zurüknehmen. Aber Eins ist mir noch bedenklich, Piccolomini! warum mag Gallas und Altringer nicht zugegen gewesen sein?

General Piccolomini.

Aus ungleichen Absichten gewis nicht, Herr Herzog! Wer weis denn, welche Umstände —

Herzog Albert.

Möglich, Freund! Aber — es will mir doch bedenklich fallen, daß sie mir Beide weggeblieben sind, und sich nicht einmal haben entschuldigen lassen. Und euer Revers — verzeiht meiner Offenheit — er ist mir nicht vollgültig, und ich halte mich nicht zur Gnüge durch ihn gesichert, bevor er nicht von diesen Männern unterschrieben und bekräftiget ist. Wie? wenn ihr es übernehmen wolltet —

General Piccolomini.

(für sich) Das wünscht' ich eben, nur mit guter Art fortzukommen. (laut) Mit Freuden, Herr Herzog! Ich unterrichte die Herren mündlich von der Lage der Dinge und dem Nothstande der Armee, und bringe sie euch binnen zwei und drei Tagen entweder in Person, oder doch wenigstens ihre Handschrift zurük.

Herzog Albert.

Wofür ich mich ganz besonders dankbar gegen euch beweisen werde. Längstens in einer Stunde seh' ich euch reisefertig wieder. Was Gallas an der sächsischen Grenze, was Altringer an der Donau, und was ihr an andern Orten noch zu verrichten habt, darüber erhaltet ihr vor eurer Abreise noch bestimmte Befehle.

Baireuth. Zimmer im Schlosse.

Herzog Bernhard. Oberster von Rose.

Herzog Bernhard.

Es sei gewagt mit ihm! Gelingt der Streich, so ist der Krieg mit Einmal geendet, und der Kaiser muß uns zugestehen, was wir von ihm zu fodern berechtiget sind. Gelingt er nicht, so ist für uns dabei weiter nichts verloren, und der Feind verliert auf alle Fälle seinen tapfersten furchtbarsten Heerführer.

Oberster Rose.

Sehr richtig, edler Herzog! Es kann

allerdings ungemein viel, es kann das köstliche Kleinod des Friedens durch diese Verbindung gewonnen, und in kriegerischer Rüksicht Nichts dabei verloren werden. Ob aber nicht auf eure Biederkeit ein zweideutiges Licht fallen und ob man es euch nicht kaiserlicher Seits zum größten Verbrechen anrechnen würde, wenn ihr den Rebellen Wallenstein in seinem hoch-verrätherischen Beginnen unterstüzzen wolltet —

Herzog Bernhard.

In den Augen des Kaisers und der Liga bin ich ja ohnedies schon ein todeswerther Verbrecher, und Wallenstein ist nach meinem Urtheile so wenig ein Rebell, als ich es bin. Weil sich der Held nicht länger zum Werkzeug der Tyrannei misbrauchen zu lassen gemeinet ist und mit allen Kräften auf einen billigen und anständigen Frieden hinarbeitet, so macht ihn die Bosheit seiner mächtigen Feinde zum Verräther und sucht ihn zu stürzen. Wer mag es ihm verdenken und verübeln, wenn er der ihm zugedachten Beschimpfung sich zu entreißen, sich selbst Recht zu verschaffen, und den Blutsaugern in Wien rächend zu vergelten trachtet? Und wer mag mir es verdenken und verübeln, wenn ich Wallensteins Aufstand zum Vortheil der guten Sache benuzze? Der Mann ist so sehr im Stande der Nothwehr, als ich, und darum so wenig Hochverräther, als ich. Mit einem gemeinen Rebellen würd' ich mich fürwahr! nicht befassen. Aber mit Wallenstein —

Vorige. Herzog Franz.

Herzog Franz.

Rüstig und wakker, Freund Bernhard! Der Aufbruch ist in diesem Augenblikke vielleicht schon erfolgt. Wallenstein hat sich der treuen Anhänglichkeit seiner Kriegsvölker versichert. Sehet da die Abschrift des Reverses, den ihm die Generale und Obersten deswegen ausgestellt haben —

Herzog Bernhard.

(nachdem er den Revers gelesen hat) Die Männer versprechen viel. Wenn sie Wort halten, so muß das Werk gelingen und der Kaiser muß nachgeben und Friede machen auf jede Bedingung.

Herzog Franz.

Keine Fragen, sobald die Helden

Bernhard und Wallenstein sich gegenseitig unterstüzzen.

Herzog Bernhard.

Ich werde der Lezte nicht seyn, wenn es zum Schlagen kommt. Bis dahin aber bleib' ich in meiner Stellung.

Herzog Franz.

Durch allzu langes Zaudern und Zögern —

Herzog Bernhard.

Wird selten etwas gewonnen, lieber Vetter! Aber bei diesem Handel darf ich mich schlechterdings nicht übereilen, verpflichtet mich die Ehre meines Namens und die gute Sache der teutschen Freiheit zur äußersten Vorsicht, muß ein glaubwürdiger Augenzeuge mich erst versichern, daß Wallenstein sich öffentlich gegen die Feinde des

Friedens in Wien und Madrit erklärt und den ersten Schlag schon gethan hat —

Herzog Franz.

Der ist gewis schon gefallen, und glüklich gefallen.

Oberster Rose.

Das sollen die erlauchten Herren binnen zwei und drei Tagen mit Zuverlässigkeit erfahren, wenn es mir erlaubt ist, an Ort und Stelle selbst darüber Erkundigung einzuziehen.

Herzog Bernhard.

Ihr kommt meiner Bitte zuvor! Freund! Seyd aber ja auf eurer Hut —

Oberster Rose.

Keine Sorge, Herr Herzog! Unter der Kutte des Bettelmönchs soll auch die feinste Jesuitennase den Kezzer nicht wittern.

Wien. Kabinet des Kaisers in der Burg.

Kaiser Ferdinand. Kardinal Fürst von Dietrichstein. Fürst Eggenberg. Pater Chiroga.

Kardinal Dietrichstein.

Ich habe heilig Wort gehalten, gnädigster Herr! und habe geschwiegen, wie ein Stummgeborner, um auch den Schein einer feindseligen Partheilichkeit gegen den Friedländer zu vermeiden. Nun aber sprechen Thatsachen, unwiderlegliche Thatsachen ge-

gegen den Bösewicht — es spricht dieser abscheuliche Revers, diese teuflische Urkunde zu seiner Verdammung —

Kaiser Ferdinand.

So scheint es wohl, Herr Kardinal —

Kardinal Dietrichstein.

Es ist so, gnädigster Herr! Diese Urkunde stempelt Wallenstein zum Hochverräther.

Kaiser Ferdinand.

Wer verbürgt mir die Ächtheit des Reverses?

Kardinal Dietrichstein.

Piccolomini, der sie in der Versammlung der Generale und Obersten nothgedrungen hat unterzeichnen müssen, und Gallas und Altringer, denen sie zur Unterzeichnung zugeschikt worden ist —

Pater Chiroga.

Und nächst diesen vollgültigen Zeugen zugleich auch die Majore Lesle und Geraldin, die Hauptleute Walther, Deucroix, Magdonel und mehrere biedre Männer, die den Friedländer des Hochverraths angeklagt und das heiligste Sakrament darauf genommen haben.

Kaiser Ferdinand.

Entsezlich! Solch einer teuflischen Verruchtheit hätt' ich den edlen Wallenstein nimmermehr für fähig gehalten.

Fürst Eggenberg.

Ich halt' ihn derselben auch izt noch nicht für fähig, geschweige denn für verdächtig und überführt, gnädigster Herr! dieser Revers — was enthält und beweiset er auch denn, wenn ihr ihn mit Unbefangenheit betrachtet?

Kardinal Dietrichstein.

Die schwärzeste Bosheit — die abscheulichste Verrätherei —

Fürst Eggenberg.

Kein Wort davon in dieser Urkunde, Herr Kardinal! und eigentlich nichts mehr und nichts weniger, als eine dankbare Verpflichtung der Generale und Obersten gegen ihren Oberfeldherrn —

Kardinal Dietrichstein.

Zur Ausführung eines hoch verrätherischen Bubenstüks —

Fürst Eggenberg.

Zum Gemeinbesten, Herr Kardinal! wie der Revers ausdrüklich besaget. Kaiserliche Majestät erlaube mir, den reinen Inhalt desselben mit Unbefangenheit vorzutragen. Da die Generale und Obersten, heißt es: glaubhaft benachrichtiget worden wären, daß ihr durchlauchtiger Feldherr durch Beleidigungen, Nachstellungen und verweigerte Unterhaltung des Heeres dahin gebracht sey, seinen Abschied zu geben und das Heer zu verlassen, dadurch aber der Dienst kaiserlicher Majestät und das allgemeine Beste gefährdet, auch die schöne friedländische Rüstung ganz ohnfehlbar zu Grunde gehen würde, sie selbst auch auf des Herzogs von Friedland Versprechungen ihr Vermögen und ihr Blut darangesezt und nach des Freiherrn von Questenberg Eröffnung und Anderer Beispiel keine Vergeltung ihrer treuen Dienste zu hoffen hätten: so wären sie, um ihr Unglük und den Untergang der ganzen Rüstung zu verhüten, den Feldherrn durch den Feldmarschall Illo und die Obersten Mortwald, Losi, Bredow und Heunersam inständig bittend angegangen, das Heer nicht zu verlassen, und es hätten, da der Obergeneral auf ihr unnachlässiges Flehen noch einige Zeit zu bleiben gewilliget, und ohne Wissen und Beistimmung des Heeres sein Amt nicht niederzulegen versprochen, sämmtliche Generale und Obersten sich gegenseitig aufs kräftigste und wie mit einem Eide verbunden und verpflichtet, auch ihn nicht zu verlassen, sondern Alles, was zu seiner und des Heeres Erhaltung gereichen würde, mit Gut und Blut zu befördern, und denjenigen, der diese Verpflichtungen brechen sollte, als einen Ehrvergeßnen am Leben und Gütern zu strafen. — Dies der reine Inhalt des Reverses, gnädigster Herr! aus welchem klar und deutlich hervorgeht —

Kardinal Dietrichstein.

Daß es der Verräther auf einen Hauptmordstreich angelegt hat —

Fürst Eggenberg.

Daß die Generale und Obersten, um einer Seits das Heer nicht zu Grunde gehen zu lassen, und um sich anderer Seits wegen ihrer beträchtlichen Foderungen sicher zu stellen, den Herzog von Friedland zur Beibehaltung der Oberfeldherrnwürde vermocht und sich ihm dagegen zu Schuz und Truz verpflichtet haben.

Kardinal Dietrichstein.

Nicht blos verpflichtet, sondern auch verschworen, edler Fürst! Rechtliche Männer, Männer ohne Falsch und Bosheit verschwören sich zu Nichts. Gegen wen bedarf denn Wallenstein des besondern Schuzzes seiner Soldaten, da er unter dem Schuzze kaiserlicher Majestät stehet? Wem gedenkt denn der Mann mit so gewaltigem Truz zu begegnen, daß er sich dazu des rächenden Beistandes des ganzen Heeres versichert? Wer hat ihn denn so höchlich beleidiget, von wem hat er denn so große Nachstellungen zu befürchten, daß er entweder zürnend seinen Posten zu verlassen, oder gegen die ganze Welt in kriegerische Verfassung sich zu sezzen für nöthig erachtet?

Fürst Eggenberg.

Eure Fragen sind so gestellt, Herr Kardinal! daß so oder anders beantwortet euer Verdammungsurtheil in Kraft bleiben muß, und daß es vergebliche Mühe seyn würde, eure schwere Klage nur einigermaßen entkräften zu wollen. Ich verliere daher kein Wort weiter zu Wallensteins Vertheidigung, zumal es höchst unziemlich seyn würde, in Gegenwart des Herrn Kaisers einen Wortwechsel erheben zu wollen. Aber der Wahrheit und meinem Gewissen bin ich die laute freimüthige Erklärung schuldig, daß ich in diesem Reverse keine Spur von Verrätherei finde, und daß an diesen Revers und an eine engere Verbindung der Offiziere mit ihrem Oberfeldherrn gewiß nicht gedacht worden wäre, wenn man diesem und jenen Wort gehalten, wenn man die Verfechter der Religion und des Vaterlandes nicht so unverantwortlich vernachlässiget, wenn man nicht so auffallend betrüglich an ihnen gehandelt hätte.

Kardinal Dietrichstein.

Fürst! ihr erdreustet euch —

Fürst Eggenberg.

Zu behaupten, daß eure Parthei es ist, welche den Kaiser um seinen ersten Feldherrn, um sein schönstes Heer, um das köstliche Kleinod des glorreichsten Friedens bringt —

Kardinal Dietrichstein.

Schrekliche Behauptung! Sonach handelte nicht Wallenstein, sonach handelten wir allein verrätherisch an der Heiligkeit der Religion und an der Majestät des Kaisers? — Schreklich! schändlich! abscheulich!

Fürst Eggenberg.

Und doch wahr und wahrhaftig, Herr Kardinal! Eure Parthei ist nicht müde geworden, den großen Mann zu verunglimpfen und verdächtig zu machen, seine Kräfte zu schwächen, seine Fortschritte zu hemmen, seine Plane zu zerstören, seine Friedenshandlungen zu vernichten. Dieses feindselige, empörende Verfahren hat ihn auf einen fürchterlichen Scheidepunkt gebracht. Wohl, wenn die Gerechtigkeit des Kaisers die gefoderte und schuldige Genugthuung leistet! Aber Wehe — Wehe, wenn der Partheihaß im Staatsrathe den Vorsiz führte, und ein ungerechter Ausspruch den schreklich großen Menschen zur Verzweiflung bringen sollte! Die Folgen davon sind nicht zu berechnen. Ich sage dies warnend, Herr Kaiser! und wasche meine Hände in Unschuld. (geht)

Vorige. (ohne den Fürsten Eggenberg.)

Kardinal Dietrichstein.

Warnend — warnend spricht Eggenberg, und will doch nicht zugeben, daß Wallenstein Böses im Schilde führt?

Kaiser Ferdinand.

Er meint es redlich mit uns, Herr Kardinal! und sucht uns vor Übereilung und Unvorsichtigkeit zu verwahren. In diesem ehrlichen Alten wohnet kein Falsch —

Kardinal Dietrichstein.

Aber doch eine thörichte und überaus verderbliche Gutmüthigkeit.

Pater Chiroga.

Vielleicht auch noch etwas Ärgeres. Mir will es wenigstens nicht gefallen, daß er dem Friedländer so warm und eifrig das Wort redet.

Kaiser Ferdinand.

Er hält ihn in seinem Gewissen noch immer für unschuldig, wie er's wohl auch wahrhaftig noch seyn kann. Denn dieser Revers enthält zwar unverkennbare Spuren des tiefsten Unwillens, aber auch nicht den mindesten Beweis ungleicher und böslicher Absichten —

Kardinal Dietrichstein.

Und trägt doch das Zeichen des Aufruhrs und der Empörung an der Stirn.

Pater Chiroga.

Wenn auch nicht, gnädigster Herr Kaiser! und wenn es auch Wallenstein durch seine engere Verbindung mit den Befehlshabern der Regimenter auf einen verrätherischen Streich wahrhaftig nicht abgesehen hätte: so macht doch das Heil der Kirche, das zeitliche und ewige Wohl eurer Seele, und die Aufrechthaltung der heiligen Liga seine Entfernung vom Heere unumgänglich nothwendig. Es hängt zwar einzig von eurer freien Entschließung ab, ob ihr den furchtbaren Mann noch länger beibehalten und euch von ihm unrühmlich beherrschen lassen wollet; aber auf diesen Fall muß ich euch im Namen und Auftrag des Königs von Spanien eröffnen, daß man sich von dieser Seite auch nicht der mindesten Beihülfe mehr, weder an Geld noch Mannschaften, zu versehen habe, und daß die zeitherigen freundschaftlichen Verhältnisse —

Vorige. Geheimer Rath Graf von Trautmannsdorf.

Graf Trautmannsdorf.

General Piccolomini mit wichtigen Nachrichten aus Wallensteins Lager —

Kaiser Ferdinand.

(erschrocken) Was ist's? Um Gottes und aller Heiligen Willen — was ist's, daß er selbst kommt?

Kardinal Dietrichstein.

Gewiß der Verrätherei Bekräftigung —

Pater Chiroga.

Vielleicht auch schon der Verschwornen Aufbruch.

Graf Trautmannsdorf.

General Piccolomini wünscht seine Botschaft kaiserlicher Majestät selbst eröffnen zu dürfen.

Kaiser Ferdinand.

Bote des Schrekkens! Er soll kommen. — (G. R. Trautmannsdorf öffnet das Zimmer) Was werden wir hören müssen?

Vorige. General Graf von Piccolomini.

Kaiser Ferdinand.

Willkommen, ehrlicher Mann! (reicht ihm die Hand) Was führt euch so eilig und unerwartet nach Wien?

General Piccolomini.

Die Sorge für kaiserlicher Majestät höchst schäzbares Leben, Ruhe und Wohlseyn.

Kaiser Ferdinand.

Ist Gefahr da?

General Piccolomini.

Große Gefahr, gnädigster Herr! Der Herzog von Friedland wird sich euch binnen zwei und drei Tagen in seiner ganzen erschütternden Furchtbarkeit enthüllen. Die Häupter der Verschwörung haben Befehl, ihre Regimenter in der Gegend von Prag schleunig zusammen zu ziehen. Dann wird er in Person daselbst erscheinen, wird von der Hauptstadt des Königreichs Böhmen Besiz nehmen, wird sich die Krone Ottokars aufs Haupt sezzen, wird in Verbindung mit Frankreich, Schweden, Kursachsen und Weimar dem Kaiser und der Liga den Krieg ankündigen —

Kardinal Dietrichstein.

Kaiser Ferdinand! werdet ihr noch nicht glauben?

Kaiser Ferdinand.

Wenn Piccolomini Wahrheit geredet hat —

General Piccolomini.

Keine Wahrheit, gnädigster Herr Kaiser! Hier der schriftliche Beweis davon — hier Wallensteins eigenhändig unterzeichneter Befehl an mich zum Aufbruch mit meinem Regiment nach Prag. (überreicht ihn)

Kaiser Ferdinand.

Wahrheit — schrekliche Wahrheit, ehrwürdige, treue Freunde! Wallenstein ist Hochverräther —

Pater Chiroga.

Nun kommt euch doch endlich der Glaube!

Kardinal Dietrichstein.

Wenn nur nicht schon zu spät —

General Piccolomini.

Noch nicht, Herr Kardinal! Aber es

darf nicht gezögert, und es müssen kräftige Mittel ergriffen werden.

Kardinal Dietrichstein.

Rasche, mannhafte Entschlossenheit, Kaiser Ferdinand! Was soll geschehen?

Kaiser Ferdinand.

Nun keine Schonung mehr. Ich übergebe euch den Verbrecher zum Gericht, und überlass' es eurer Klugheit, wie ihr ihm belkommen und die Verführten zu ihrer Schuldigkeit zurükbringen wollet. Unser geliebter Sohn Ferdinand, König von Ungarn, soll als höchster Befehlshaber unsrer Armee den Krieg gegen die Rebellen mit Kraft und Nachdruk fortsezzen; Feldmarschall Gallas soll die Generale und Obersten der unter Wallenstein dienenden Regimenter um jeden Preis zu gewinnen und Wallensteins Ver=

einigung mit Bernhard und Arnim zu hindern suchen; General Piccolomini soll Prag in Gehorsam erhalten; allen Generalen und Obersten, welche den Revers unterzeichnet haben, soll deshalb Verzeihung und Gnade zugesichert, und es soll Niemand darüber weder izt noch in Zukunft verantwortlich gemacht werden; aber gegen Wallenstein, Illo und Terzki nach der Strenge des Kriegsrechts und nach der Schärfe des Gesezzes. Dies unser höchster kaiserlicher Wille und Befehl, für dessen Vollstrekkung ihr treulich besorgt seyn werdet.

Pilsen. Zimmer im Schlosse.

Herzog Albert. Feldmarschall Graf von Gallas.

Feldmarschall Gallas.

Mein Rath kam gewis aus einem treuen redlichen Herzen —

Herzog Albert.

Das weiß ich, und darum hab' ich ihn auch befolgt, und habe die Generale und Obersten zu mir berufen lassen, um ihnen die verlangte Erklärung zu geben und ihr Gewissen wegen meiner Absichten mit ihnen zu beruhigen. Übrigens ist es hohe Zeit, den Handel in Eile zur Entscheidung zu bringen, und den Pfaffen in Wien und Madrit zu zeigen, daß sich Männer, wie Wallenstein und seine Waffenbrüder, nicht ungestraft von ihnen betrügen und zu Grunde richten lassen.

Feldmarschall Gallas.

Ich billige eure Maasnehmungen von ganzem Herzen, wünsche jedoch, daß ihr behutsam zu Werke gehen, und euch von eurem gerechten Unwillen zu keiner Übereilung hinreißen lassen möchtet. (für sich) Wir müssen Zeit zu gewinnen suchen.

Herzog Albert.

Was wäre hier wohl noch zu übereilen, und was durch Übereilung zu verderben? Mit kalter Besonnenheit hab' ich überlegt, geprüft, gewählt; mit Eile, Kraft und Mannhaftigkeit muß dem Endschlusse die That folgen. Hab' ich es etwa fehlen lassen an Vorstellungen, Bitten und Warnungen? Hab' ich nicht redlich und kräftig gearbeitet, die Ehre der kaiserlichen Waffen wieder herzustellen, den siegreichen Fortschritten eines übermüthigen und furchtbaren Feindes Grenzen zu sezzen, die erbitterten Partheien zu versöhnen, und dem Reiche den so lange schon entbehrten und erseufzten Frieden wiederzugeben? Und was ist mir, und was meinen Waffenbrüdern zum Dank dafür geworden? und was habe ich, und was habt ihr euch, ich will nicht sagen von der Großmuth, sondern lediglich von der Gerechtigkeit des Kaisers und seiner Räthe künftig noch zu versprechen? — Wir haben die Erfahrung, Gallas! Man sucht mich zu unterdrükken und zu stürzen, euch um euren verdienten Sold nicht nur, sondern auch um eure unermeßlichen Vorschüsse zu betrügen, unsre schöne Rüstung zu zerstükkeln, uns zu elenden Werkzeugen einer grausamen Pfaffenwillkühr herab zu würdigen. — Soll es so weit mit uns kommen? und sollen wir so lange in Geduld stehen, bis es so weit mit uns gekommen ist, bis wir die Kraft nicht mehr haben, Gerechtigkeit und Genugthuung zu fodern? — Gallas! wenn ihr dazu mir rathen könntet, dazu mich überreden wolltet —

Felmarschall Gallas.

(schnell für sich) Wär' ich ihm etwa schon verrathen, oder wenigstens doch schon verdächtig geworden, daß er so wunderlich fragt? (laut) Das nicht, Herr Herzog! Wohldurchdachte, große Entwürfe müssen allerdings rasch und muthig zur Ausführung gefördert werden, wenn sie gelingen sollen —

Herzog Albert.

Nun dann, Herr Feldmarschall! was könnt' uns denn noch abhalten, den Nothstreich zu wagen? Und warum sollten wir uns nicht vielmehr beeifern —

Vorige. Feldmarschall Graf von Illo, nebst den Generalen und Obersten Kinski, Wallenstein, Maradas, Moor, Spaar, Lesle, und mehrere.

Feldmarschall Illo.

Eure Durchlaucht hat uns bescheiden lassen —

Herzog Albert.

Ich habe den Herren Generalen und Obersten über unsere gegenseitigen Verhältnisse einige nothwendige Erläuterungen geben wollen. Eure rasche Bereitwilligkeit erfreut mich. Aber ich vermisse ungern noch zwei Männer in der Versammlung. Der Oberst Drotati —

General Kinski.

Ist mit seinem Regimente schon nach Prag aufgebrochen —

Herzog Albert.

Ohne Befehl? Das befremdet mich nicht wenig. Und General Altringer läßt seit acht Tagen schon vergeblich auf sich warten.

Feldmarschall Illo.

Hat sich Krankheits halber entschuldigen lassen.

Herzog Albert.

Sonderbar, daß der theure Held so ganz zur Unzeit erkrankt! — Es laufen allerlei lose, verleumderische Gerüchte über den Zwek unsrer Verbindung, Freunde und Waffenbrüder! Ich würde sie stillschweigend verachten und der Erwähnung kaum würdigen, wenn sie mich und meine Ehre allein beflekten. Aber eure Ehre und euer Wohl steht dabei auf dem Spiel — darum muß ich mich gegen euch darüber erklären.

Unsre engere Verbindung ist in Wien nicht nur, sondern auch in ganz Teutschland kein Geheimnis mehr. Furcht und Zittern hat meine Feinde darob ergriffen. Aber ihre Bosheit weiß sich zu helfen. Sie hat unsrer Verbindung hochverrätherische Absichten untergelegt, und die Ausstellung des von euch unterzeichneten Reverses zum Majestätsverbrechen gemacht. Daher ist das Gerücht in Teutschland entstanden, als wollte ich gegen des Kaisers Majestät und Hoheit, und gegen die katholische Religion etwas unternehmen. Dazu bin ich, wenn auch nicht zu ohnmächtig, doch gewiß zu alt.

Wenn man unserm Schuz- und Truz-Bündnis den Anstrich einer boshaften Verschwörung giebt, und euch des ausgestellten Reverses wegen zu hochverrätherischen Mitschuldigen eines Majestätsverbrechens macht: so kann ich mich gegen euch nicht besser und kräftiger, als durch die redliche Ertheilung meiner wahren Absichten rechtfertigen, und ihr könnet euch vor der Welt nicht besser und kräftiger, als durch öffentliche, feierliche

Lossagung von mir und meinen vertrautesten Freunden rechtfertigen —

Feldmarschall Illo.

Nimmermehr — dies nimmermehr, erlauchter Herzog! und Schande und Verachtung über den, der sich von euch lossagen wollte!

General Kinski.

Wir sind Männer und keine Knaben, und keine feigen Tirannenknechte. Was wir geschrieben und wozu wir uns in redlicher Absicht verpflichtet haben, das muß bleiben, gehalten und ausgeführt werden, wenn auch Leib und Leben dabei gefährdet seyn sollte.

Oberster Spaar.

Wer nicht mit uns ist, der ist wider

M 2

uns, und wird als ein Ehrvergeßner von uns behandelt —

Major Lesle.

Als ein Eidbrüchiger und Verräther, und bestraft von uns am Leib und Leben.

General Kinski.

Keine Frage von der Vernichtung unsers Reverses und von der Auflösung unsers Bundes! Wir sind Männer von Wort und Ehre, und bleiben unsrer Verpflichtung getreu —

Alle.

Getreu in jeder Gefahr — getreu bis in den Tod!

Herzog Albert.

Wohl, edle Herren! so bleibe der Revers in voller, ungeschwächter Kraft. Auf euer vielfaches dringendes Bitten habe ich noch länger bei der Armee zu bleiben eingewilligt, um auch euch mein theures Wort zu halten, und Jedem von euch nach der von mir übernommenen Bürgschaft zu dem Seinigen zu verhelfen und volle Genugthuung zu verschaffen — und in dieser Rüksicht hoffe ich, daß auch ihr mich nicht verlassen, und der Rache meiner Feinde mich nicht preisgeben werdet. Ich bleibe und weiche nicht von meinem Posten, bis ich euch wegen eurer Foderungen vollkommen befriediget, und mein Werk mit einem für alle Partheien gleich anständigen, ehrenvollen und dauerhaften Frieden, über dessen Verhandlung und Grundsäzze euch der Feldmarschall Illo näher unterrichten wird, preislich gekrönt habe. Um euch jedoch auch meiner Seits sicher zu stellen, und wegen der Reinigkeit meiner Gesinnungen, Absichten und Entwürfe euch zu beruhigen, gebe ich euch hiermit die heilige Versicherung, daß es mir nie in den Sinn gekommen ist, an des Kaisers Majestät und Hoheit, und an der katholischen Religion verrätherisch zu handeln, und bin zugleich erbötig, diese wahrhaftige Erklärung schriftlich von mir zu stellen, und solche dem Herrn Feldmarschall Illo zu treuen Händen zu übergeben. Wer nach dieser aufrichtigen Versicherung noch irgend einen Zweifel, noch irgend ein Mißtrauen gegen mich hegen kann, der streiche seines Namens Unterschrift aus dem auf der Tafel hier offen liegenden Reverse hinweg und sey jeder besondern Verpflichtung gegen mich entlassen.

Feldmarschall Illo.

Hier der Revers, Freunde! Will sich Keiner davon lossagen — Keiner von der Freiheit dazu Gebrauch machen?

General Maradas.

Wer wollte so feig und unredlich handeln? (für sich) Und dadurch sich den Dolchen der Verschwornen blosstellen?

Oberster Moor.

Schande — Schande, wenn Einer von uns so nichtswürdig seyn könnte!

Oberster Spaar.

Auf Wort und Schwur, Oberfeldherr! wir weichen nicht von euch und bleiben unsrer Verpflichtung getreu —

Alle.

Getreu in jeder Gefahr — getreu bis in den Tod!

Herzog Albert.

Ich euch nicht minder. — Euern Handschlag darauf, teutsche Männer! (gegenseitiger Handschlag) So soll uns kein Pfaff' und kein Teufel etwas anhaben. — Die Zeit eilt und die Stunde der Gefahr wird bald schlagen. Jeder an die Spizze seines Regiments und in Eile nach Prag. Auf dem Hradschin sehen wir uns wieder. (Die Generale und Obersten beurlauben und entfernen sich. Feldmarschall Illo und Gallas bleiben.)

Herzog Albert.

Auf einen Augenblik noch, Freunde! Es befremdet mich nicht wenig, daß Drotati ohne Befehl nach Prag aufgebrochen ist, da er doch bis auf weitern Befehl hat rasten sollen, und eben so sehr befremdet es mich, daß sich Altringer auch diesmal wieder hat entschuldigen lassen.

Feldmarschall Illo.

Drotati hat eure Einladung vielleicht zu spät erhalten.

Feldmarschall Gallas.

Und Altringer mag wol seine eignen Bedenklichkeiten haben —

Herzog Albert.

Welche Bedenklichkeiten?

Feldmarschall Gallas.

Ich weiß sie nicht so ganz genau, und vermuthe nur, daß er sich in eine engere Verbindung nicht eher wird einlassen wollen, bis er von dem Zwek derselben gründlich unterrichtet worden ist.

Herzog Albert.

Sonderbar! Sollte der Mann mir

nicht trauen? Sollt' er mich, getäuscht von den laufenden Gerüchten, des bezüchtigten Hochverraths wahrhaftig fähig halten? Piccolomini hat ihn zu uns bringen wollen, es ist aber nicht geschehen. Ich wünschte, daß er eine bessere Meinung von mir fassen und sich an uns anschließen möchte —

Feldmarschall Gallas.

Er ist nicht wider uns, und ich glaube, daß er noch ganz zu gewinnen wäre. (für sich) Ich steh' auf glühenden Kohlen.

Herzog Albert.

Wenn eure Freundschaft das Geschäft übernehmen wollte —

Feldmarschall Gallas.

Sehr gern, Herr Herzog! Ich spreche heute noch mit ihm von der Sache.

Herzog Albert.

Aber ohne Zeitverlust, Freund! Ihr fodert bestimmte Erklärung von ihm und laßt mir sogleich Nachricht davon geben. Eilt!

Feldmarschall Gallas.

(für sich) Dank meinem Schuzheiligen, daß ich von ihm loskomme! So sieht mich der Mann nicht wieder. (laut) Auf freudiges Wiedersehen, Herr Herzog! (geht)

Herzog Albert.

Gute Geschäfte, lieber Gallas! Das Weitere schriftlich.

Vorige. (ohne Gallas)

Feldmarschall Illo.

Seid ihr überzeugt, daß es Gallas redlich mit euch meinet?

Herzog Albert.

Welche Frage! Soll ich denn keinem Menschen mehr trauen?

Feldmarschall Illo.

Ich möcht' euch diesen tapfern Feldherrn nicht gern verdächtig machen, und es kann wohl seyn, daß ich mich in ihm irre. Aber sein unstetes ängstliches Wesen hat mir nicht gefallen wollen —

Herzog Albert.

Das hab' ich nicht an ihm bemerkt.

Feldmarschall Illo.

Ich noch mehr, Herzog! In der Versammlung der Generale hat Gallas kein Wort von sich hören lassen —

Herzog Albert.

Wahr, Illo! aber es ist mir nicht aufgefallen. Wenn Gallas verrätherisch an mir handeln könnte!

Feldmarschall Illo.

Ich wenigstens möchte mich euch für seine Redlichkeit nicht verbürgen. Und Piccolomini — warum hat auch der seit der Unterzeichnung des Reverses sich nicht wieder sehen lassen? warum euch von dem Erfolg seiner Unterhandlungen mit Altringer auch nicht die mindeste Nachricht gegeben? warum auch Heute nicht —

Vorige. General Graf von Terzki.

Herzog Albert.

(bestürzt) Was ist das? Terzki von Prag schon wieder zurük?

General Terzki.

Tod und Teufel! wir sind verrathen.

Piccolomini, Gallas und Altringer die treu-losen Verräther —

Herzog Albert.

Ha! diese Männer? Beweise —

General Terzki.

Prag und Leutmeriz sind von spanischen und österreichischen Regimentern besezt. Piccolomini ist zum Kommendanten von Prag, Altringer zum Kommendanten von Leutmeriz, Gallas zum Oberfeldherrn unter dem König von Ungarn erklärt. An den Thoren von Prag ist ein kaiserliches Patent angeschlagen, und Kraft dessen der von den Generalen und Obersten unterzeichnete Revers vernichtet, Wallenstein seiner Würde entsezt und für einen meineidigen Rebellen —

Feldmarschall Illo.

(erschüttert) Ha das! Nun ist Alles — Alles verloren!

Herzog Albert.

(gefaßt und mannhaft) Fassung, Muth und Standhaftigkeit, Illo! Es ist darum noch nichts verloren. Die Bosheit meiner Feinde hat den Mordbrand selbst angezündet — er soll nun fürchterlich wüthen —

General Terzki.

Die Treulosen haben sich der bei Prag eingetroffenen Regimenter schon versichert.

Herzog Albert.

Ein Verlust von dreitausend Köpfen, die ich gar gern entbehren kann. Und wenn, außer euch, auch kein Troßbube mir bliebe, so will ich den Kreaturen am Kaiserhofe doch zeigen, was der zur äußersten Nothwehr und Rache gereizte Wallenstein vermag. Der Mann, der ein Heer von vierzigtausend Kriegern zu Roß und zu Fuß ohne die mindeste Unterstüzzung von Seiten des Kaisers hat ins Feld stellen können, der wird sich auch izt noch zu behaupten und zu rächen wissen. Die Umstände erfodern eine rasche, kräftige Abänderung unsrer Maasnehmungen, Freunde! Wir müssen heute noch von hier aufbrechen. Nun sey Eger der Sammelplaz unsrer Streitkräfte. An Weimar und Arnim müssen sogleich Eilboten abgehen. Nur Muth und Standhaftigkeit, so muß der uns zugedachte Schlag auf die Köpfe unsrer Feinde zurükfallen. Es waltet izt, was ich vorher gewußt habe, ein böses Gestirn über uns, aber es wird bald — es wird heute noch verschwinden.

Illo führt die nach Prag aufgebrochenen Regimenter wieder zurük — Terzki eilt nach Eger voraus und trifft die nöthigen Anstalten zu unserm Empfang — ich folge.

Baireuth. Zimmer im Schlosse.

Herzog Bernhard. Gesandschaftsrath von Mokel.

Gesandschaftsrath Mokel.

Gruß und Ehrerbietung vom Reichskanzler dem Herrn Herzog von Weimar. Der Reichskanzler hat des Herzogs von Friedland Anträge mit mehrern protestantischen Fürsten und Herren erwogen und mit deren Beistimmung gewilliget, daß die gesuchte Vereinigung mit ihm Statt finden und daß dem Helden von Österreich, sobald der Aufbruch in Böhmen geschehen ist, ein Hülfsheer von acht bis zwölftausend Mannen zugeführt werden soll. Eure Durchlaucht ist demnach bevollmächtiget, des Friedländers Unternehmung nach eurer Weisheit und Kriegserfahrenheit also zu begünstigen und kräftigst zu unterstüzzen, daß die Gottessache der teutschen und protestantischen Freiheit dadurch nicht gefährdet, sondern vielmehr zur Erlangung eines glorreichen und anständigen Friedens herrlicher gefördert werden möge.

Herzog Bernhard.

Dank für eure Botschaft, edler Mokel! und die ehrliche Versicherung, daß es meine Schuld gewiß nicht seyn soll, wenn die neue sonderliche Verbindung nicht nach Wunsch ausschlagen wollte. Die zu Wallensteins

N 2

Unterstüzzung bestimmten Regimenter sind marschfertig, und ich erwarte nur noch zuverlässige Nachrichten aus Böhmen —

Vorige. Generalmajor von Erlach.

Generalmajor Erlach.

Es jagt ein Wallensteinscher Eilbote den andern. Zwei Trompeter und vier Offiziere binnen drei Minuten —

Herzog Bernhard.

Mir ist noch keiner gemeldet worden. Es muß etwas Entscheidendes vorgefallen seyn.

Vorige. Herzog Franz Albert.

Herzog Franz.

(ein offenes Schreiben in der Hand) Ein schreckliches Ereignis, Herr Herzog! Wallenstein ist verrathen, abgesezt, für einen Rebellen und vogelfrei erklärt —

Herzog Bernhard.

Ein verzweifelter Streich!

Generalmajor Erlach.

Er hat zu lange gezaudert, hat den Aufbruch zu lange verschoben —

Herzog Bernhard.

Aber das Heer ist ihm doch treu geblieben?

Herzog Franz.

So versichert er wohl und bittet um schleunige Hülfe —

Herzog Bernhard.

Die soll ihm werden, sobald ich bestimmtere Nachrichten von der Lage der Dinge habe.

Vorige. Sekretair Jahr.

Sekretair Jahr.

(mit einem Schreiben) Ein Nothruf vom Friedländer, gnädiger Herr!

Herzog Bernhard.

(liest es) Das Nemliche, Freunde! Er zieht seine ganze Macht bei Eger zusammen, um uns näher zu kommen, und dringt auf schleunige Vereinigung. Aber ich begreife nur nicht und kann's nicht glauben, daß Wallensteins Feinde so unklug, ich möchte wohl sagen so unbesonnen handeln sollten, den gewaltigen und allgefürchteten Oberfeldherrn für einen Rebellen zu erklären, bevor sie den Löwen lebendig oder todt in ihrer Gewalt haben. So zwingen sie ihn ja offenbar, das Schwert der Nothwehr zu ergreifen — und wer mag dann ihn verdammen, wenn er die Fahne der Empörung aussteckt?

Vorige., Generaladjutant von der Grün.

Generaladjutant Grün.

Botschaft vom Obersten Rose aus Eger, gnädiger Herr! Wallenstein ist des Hochverraths öffentlich bezüchtiget und seiner Würde entsezt —

Herzog Bernhard.

Also doch wahr?

Generaladjutant Grün.

Wahr, Herr Herzog! Piccolomini hat ihn verrathen und im Namen des Kaisers von Prag Besiz genommen. Aber bei weitem der größere Theil des Wallensteinschen Heeres ist dem Helden treu geblieben und hat sich bei Eger zusammen gezogen. Es sey noch Nichts verloren und noch Alles zu gewinnen, läßt Rose versichern, wenn ihr euch nur in Eile mit ihm vereinigtet —

Herzog Bernhard.

Es sei gewagt. Herr Generalmajor! die Regimenter sollen sogleich aufbrechen, und der Pfalzgraf von Birkenfeld soll mit dreitausend Reitern voraus.

Herzog Franz.

Gebe Gott, zur glüklichen Stunde der Aufbruch! Ich will den Pfalzgrafen geleiten, um den Helden in Eger mit der Botschaft von Bernhards Anmarsch freudig zu überraschen.

Herzog Bernhard.

Wohl gut, Vetter! Seid aber ja auf eurer Hut —

Herzog Franz.

Es wird keine Gefahr haben.

Eger. Zimmer im Schlosse.

Oberster von Gordon. Die Hauptleute von Buttler, Deveroux, Bork, Geraldin und Walther.

Oberster Gordon.

Sie kommen — sie haben zugesagt.

Hauptmann Deveroux.

Auch Wallenstein?

Oberster Gordon.

Weis ich noch nicht. Major Lesle hat

die Einladung selbst gemacht und ist noch nicht wieder zurük. Aber Illo, Kinski, Terzki und Neumann haben sich einzustellen versprochen.

Hauptmann Bork.

Das soll uns ein Schmaus werden — ein schöner blutiger Schmaus. Dem tirannischen Illo hab' ich's seit Jahren schon zugedacht.

Hauptmann Buttler.

Und ich dem hochfahrenden Terzki —

Hauptmann Geraldin.

Faßt ihr diese, so sei Kinski mein Mann —

Hauptmann Walther.

Und Neumann — der schlangenzüngige, schreibsüchtige Neumann mein Ziel.

Hauptmann Deveroux.

Viel Ehre für mich, daß mir — mir der rechte Mann bleibt.

Vorige. Major von Lesle.

Major Lesle.

Ein verdammter Streich, Freunde! Wallenstein kommt nicht.

Oberster Gordon.

Teufel! er wird doch nicht schon Blut wittern?

Major Lesle.

Das wohl nicht. Er sei heute gar ein schlechter Gesellschafter, entschuldigt' er sich —

Oberster Gordon.

Ein kahler Vorwand, Major! Die Schmauserei ist ihm verdächtig.

Major Lesle.

Nicht doch, Alter! Wäre die Schmauserei ihm verdächtig, so müßt' auch ich es ihm seyn, und auf diesen Fall hätt' er sein Herz gegen mich gewiß nicht ausgeschüttet.

Oberster Gordon.

That er das?

Major Lesle.

So unbefangen, als wenn ich sein Busenfreund und sein Gewissensrath zugleich wäre.

Oberster Gordon.

Was aber zu thun, da er nicht kommt? Bei halber Arbeit können wir doch nicht stehen bleiben.

Major Lesle.

Ein verdammter Streich, sag' ich euch.

Die ganze Sache wird verschoben werden müssen —

Hauptmann Deveroux.

Nicht verschoben — schlechterdings nicht verschoben. Ich nehm' es auf mich, den Verräther in die Hölle zu schikken.

Oberster Gordon.

Wie aber ihm beikommen, da er nicht zum Gelag zu bringen ist?

Hauptmann Deveroux.

Meine Sorge, Herr Kommendant von Eger! Wallenstein muß heute — heute noch in die Hölle!

Wallensteins Pallast. Zimmer.

Herzog Albert. General Graf von Kinski.

General Kinski.

Lauenburg hat ein freudiges Ja zurüksagen lassen; der Birkenfelder ist mit der Reiterei im Anzuge, Held Weimar folgt in Person mit zwölftausend Mannen.

Herzog Albert.

Nun sind wir geborgen, Freund! und gnüglich gerüstet zur Rache gegen die schändlichen Bundesverräther. — Ha, Piccolomini! Piccolomini! das hab' ich nicht um dich verdient — mit meiner Freundschaft nicht, und mit meinen Wohlthaten nicht. — Deine Blutschuld, deine himmelschreiende, ewig verdammliche, ewig unerläßliche Blutschuld, wenn ich werde, wofür man mich hält und was man im Höllenrathe der Pfaffen in Wien aus mir macht — rächender Rebell gegen den Kaiser und das österreichische Haus. Aber ich will, o ich will dir fürchterlich bezahlen und vergelten, Piccolomini! und euch, Dietrichstein! Chiroga! Maximilian! —

Vorige. Rittmeister Neumann.

Rittmeister Neumann.

Questenberg ist hier und läßt um Gehör auf ein Paar Augenblikke bitten.

Herzog Albert.

Questenberg? — Eine sonderbare Erscheinung unter den gegenwärtigen Umständen! Was mag er wollen? Hat er sich nicht herausgelassen?

Rittmeister Neumann.

Mit keinem Laut, Herr Herzog! Aber er war dringend —

Herzog Albert.

Ich will ihn sprechen. Laßt uns allein. Ihr geht doch zum Bankett auf's Schloß?

General Kinski.

Wir haben zugesagt. Ihr nicht auch?

Herzog Albert.

Nein! Es ist mir heute nicht gemüthlich zu schmausen und zu zechen.

General Kinski.

Wir sehen uns also heute nicht wieder.

Herzog Albert.

Heute nicht. Ich werde mich zeitig zur Ruhe begeben, um Morgen mit Tagesanbruch wakker zur Arbeit zu seyn. Die Pokale werden wohl auch ohne mich geleert werden. — Lebt wohl und macht euch lustig! — Questenberg soll kommen.

General Kinski.

Auf freudiges Wiedersehen. (ab mit dem Rittmeister Neumann.)

Herzog Albert. Geheimer Kriegsrath Freiherr von Questenberg.

Herzog Albert.

Questenberg! Eure Erscheinung, ich gesteh' es, überrascht mich nicht wenig! Kommt ihr als Freund? oder —

Geh. Rath Questenberg.

Wallenstein! wenn war ich euer Feind? Ich habe zu jeder Zeit und unter allen Umständen offen und redlich an und gegen euch gehandelt. Meine diesmalige überraschende Erscheinung soll euch einen neuen Beweis davon geben. Ich habe mich heimlich aus Wien entfernt, um euch in eurer verzweifelten Lage mit Rath und That freundschaftlich zu unterstüzzen.

Herzog Albert.

Verzweifelt? Woher will man denn wissen, daß meine Lage verzweifelt ist?

Geh. Rath Questenberg.

Sie ist's, Herzog! Ihr spielt ein entsezliches Spiel. Aufruhr und Empörung gegen den Kaiser —

Herzog Albert.

Wer sagt das? Wer kann dieses abscheulichen Verbrechens mich zeihen und überführen? — Ich bin kein Rebell, Questenberg! und habe nie Rebellion im Sinne gehabt. Man hat es aber dahin gebracht, daß ich Rebell scheinen und wohl auch werden muß — man hat mich gezwungen, auf meine Sicherheit bedacht zu seyn — man hat mich in den Stand der Nothwehr versezt.

Geh. Rath Questenberg.

Zugegeben, Freund! Aber eure zahlreichen Feinde und Neider nicht nur, sondern auch eure sonstigen wahrhaftigen Freunde nehmen es anders. Ihr seid öffentlich für einen hochverrätherischen Rebellen erklärt, und es ist im Geheimen sogar ein hoher Preis auf euren Kopf gesezt —

Herzog Albert.

Den wird Questenberg doch nicht verdienen wollen?

Geh. Rath Questenberg.

Mißtrauischer! hab' ich je betrüglich an euch gehandelt, daß nur der Gedanke in euch aufkommen kann, solch eines Bubenstüks mich fähig zu halten?

Herzog Albert.

Verzeiht! In meiner Lage und von meinen besten Freunden tausendfach betrogen, von einem Piccolomini sogar schändlich verrathen, sollte mir eine schüchterne Frage dieser Art wohl nicht verübelt werden. Aber zur Sache. Was führt euch zu mir?

Geh. Rath Questenberg.

Die Sorge für eure Ehre, für euer Leben — der herzliche Wunsch, euch zu retten.

Herzog Albert.

Ich bin nicht in Gefahr.

Geh. Rath Questenberg.

Ihr seid's, Wallenstein! und seid ohne Rettung verloren, wenn ihr euch nicht heute, wenn ihr euch nicht in diesem Augenblikke noch zu andern Maasnehmungen entschließt.

Herzog Albert.

Meine Maasnehmungen sind bestimmt, vest und unabänderlich. —

Geh. Rath Questenberg.

Aber trüglich und auf alle Fälle verderblich für euch und das gesammte Teutschland. Hört meine Meinung, und nehmt meinen wohlgemeinten, freundschaftlichen Rath zu Herzen.

Herzog Albert.

Nur kurz und bündig, Alter! Ich habe keine Zeit zu verlieren —

Geh. Rath Questenberg.

Es ist auch keine Zeit zu verlieren, wenn ihr gerettet seyn wollet, und ich hab' euch auch nur wenig zu sagen. — Der Kaiser — dessen bin ich gewiß, und ich kann mich mit Ehre und Leben dafür verbürgen — hat das fatale Patent mit herzlichem Widerwillen, und von euern Anklägern gewissermaßen dazu gezwungen, gegen euch ergehen lassen. In seinem Herzen seid ihr ihm noch immer ein großer, hochverehrlicher Held, und es würde so gar viel eben nicht kosten, dem Handel eine für euch ungemein günstige Wendung zu geben. Aber auf dem — sei's aus Nothwehr, oder aus Rache, oder aus

Verzweiflung — von euch eingeschlagnen Wege kommt ihr nicht zum Ziel. Dem Feinde seid ihr gegenwärtig allerdings ein sehr willkommner Mann, und er wird sich die gute Gelegenheit, dem Kaiser durch euch einen empfindlichen Streich zu versezzen, gewiß nicht entschlüpfen lassen. Aber eure Person wird ihm auf alle Fälle verdächtig bleiben, und er wird immer fürchten, daß ihr ihm unter veränderten Umständen das thun möchtet, was ihr dem Kaiser izt thut. Was habt ihr euch also von eurer Vereinigung mit dem Feinde für die Zukunft zu versprechen? Gelingt der Streich gegen den Kaiser, so ertruzt sich die protestantische Parthei vielleicht einen herrlichen Frieden, und ihr habt keinen, oder gewiß nur schlechten und zweideutigen Vortheil davon. Gelingt er nicht, so seid ihr weit unglüklicher, als izt — seid verlassen, verachtet und wohl auch verfolgt von allen Partheien —

Herzog Albert.

Und bleibe doch Wallenstein — bewahre doch noch das stolze, beruhigende Bewußtseyn in meiner Brust, mannhaft und rächend gehandelt, und einer Rotte elender Böscwichter mich nicht knechtisch = kriechend gefügt zu haben.

Geh. Rath Questenberg.

Ein leidiger Trost, mein erlauchter Freund!

Herzog Albert.

Was aber sonst zu thun?

Geh. Rath Questenberg.

Hört meinen freundschaftlichen Vorschlag. Mit Gewalt und auf diesem Wege ist für euch kein Heil und keine Rettung möglich. Aber ihr habt die bessern, kräftigern, sicherern Mittel — ihr habt noch vierzigtausend geharnischte Goldmänner in eurer Truhe. Geht mit dieser glänzenden Geleitschaft geraden Weges nach Wien, und alle Thüren werden sich euch öffnen, und ihr werdet eure lautesten Feinde zum Schweigen bringen. Dann sagt ihr dem Kaiser, daß es euch keineswegs in den Sinn gekommen sei, euch ungehorsamlich zu bezeigen, geschweige denn eine Meuterei gegen ihn anzuspinnen, sondern daß ihr es lediglich darauf hättet anlegen wollen, die der kaiserlichen Majestät treu ergebnen Diener zu erproben, um den Monarchen vor den Treulosen und Verräthern warnen zu können. Auf diese Weise zieht ihr den

Kopf aus der Schlinge, und macht diejenigen zu Schelmen, die euch haben stürzen wollen.

Herzog Albert.

Ein feiner Rath, aber der Teufel traue den Pfaffen!

Geh. Rath Questenberg.

Einen bessern weiß ich euch nicht zu geben. Befolgt ihr ihn, so bürg' ich euch mit meinem Kopfe, daß ihr die Anschläge eurer Feinde und eurer falschen Freunde zu Schanden macht, und dem Kaiser wieder der alte Friedländer werdet. Befolgt ihr ihn nicht, so helf' euch Gott und nehm' euch in seinen allmächtigen Schuz —

Herzog Albert.

Herzlichen Dank für euern Rath, Freund! Er mag redlich gemeint, und wohl auch zweckdienlich seyn, aber für mich taugt er nicht. Ich kann nicht niederträchtig bestechen und um Gnade betteln, und kann auch nicht feigherzig zurücktreten und meine edlen Verbündeten verrätherisch blosstellen.

Geh. Rath Questenberg.

So hab' ich euch weiter nichts zu sagen, als ein aufrichtiges, aber wehmüthiges Lebewohl —

Herzog Albert.

Und ich euch ein freudiges, Questenberg! Wir werden uns hoffentlich bald, und in Wien wiedersehen.

Geh. Rath Questenberg.

Gebe Gott, in Freiheit und Ehren! (geht)

Herzog Albert.

Ich doch gewiß nicht in Knechtschaft

und Schande! (Astrolog Seni kommt) Was mag der Alte noch wollen?

Herzog Albert. Astrolog Seni.

Seni.

Gott sei Dank, daß ich den erlauchten Herzog noch wach und allein in seinem Zimmer finde!

Herzog Albert.

Warum? Was will der Träumer damit?

Seni.

Ich fürchtete, daß ihr euch noch hättet bereden lassen, dem Bankett auf dem Schlosse beizuwohnen.

Herzog Albert.

Wenn es nun geschehen wäre, was dann?

Seni.

So wär't ihr ohne Rettung verloren. Euer Unglüksstern ist in diesem Augenblikke noch nicht, und folglich auch die Gefahr noch nicht vorüber.

Herzog Albert.

Sie ist's, und es steht von keiner mich bedrohenden Gefahr in den Sternen geschrieben. Daß du aber nächstens wirst in den Kerker geworfen werden, Freund Seni! das steht klar und deutlich in den Sternen geschrieben.

Seni.

Entsezlich! Womit hätt' ich das um euch verdient?

Herzog Albert.

Elender! Du fragst noch? Glaubst du denn, oder stehst du in dem tollen Wahne, daß ich je im Ernst auf deine Träumereien und Gaukeleien geachtet habe? Als einen Betrüger hab' ich dich in Dienst und Sold genommen, weil ich mir Hoffnung machte, daß du mir mit deiner astrologischen Modetollheit nützlich werden und auf die Leichtgläubigkeit des großen Haufens zu meinem Vortheil wirken würdest. Aber mich selbst zu bethören und zu betrügen, hättest du dich nicht vermessen, und noch weniger hättest du dich mit deiner schlechten Waare den großen Pfaffen in Wien verkaufen und zum Verräther an mir werden sollen. Wird es dir nun bald klar und deutlich, daß ich mehr von dir weiß, als dir lieb seyn muß? Es steht in den Sternen von dir geschrieben, Schelm! daß du den Galgen verdient hast. Aber ich will dich deinem

Schiksal entreißen. Flüchte, Betrüger! weil es noch Zeit ist —

Geni.

Hilf Gott! ich bin unschuldig. Hört mich — schrekliche Dinge will ich euch offenbaren —

Herzog Albert.

(mit fürchterlicher Stimme) Flüchte, Betrüger! oder ich lass' dich in dieser Nacht noch henken!

Geni.

Euer guter Geist entweicht mit euerm treuen Geni — nun sei Gott euch gnädig und barmherzig! (flieht)

Nacht. Bankett im Schlosse.

Feldmarschall Graf von Illo, die Generale Grafen von Terzki und Kinski, Rittmeister Neumann, Oberster von Gordon, Major von Leole, die Hauptleute von Buttler, Walther und mehrere sizzen zur Tafel und zechen tapfer in die Runde.

Feldmarschall Illo.

Heute vielleicht zum leztenMal in Eger —

General Terzki.

Und in acht Tagen vielleicht in der kaiserlichen Burg zu Wien.

Major Lesle.

Ist die Stunde des Aufbruchs schon bestimmt?

Feldmarschall Illo.

Ihr wißt, daß Wallenstein bei wichtigen Unternehmungen keine Stunde, keinen Tag vorher zu bestimmen pflegt.

General Kinski.

Sie kann in dem nächstfolgenden Augenblikke schon schlagen.

Rittmeister Neumann.

Wenigstens wird Weimar morgen schon erwartet.

Oberster Gordon.

Auf glükliche Ankunft des protestantischen Helden! (hebt seinen Pokal empor)

Feldmarschall Illo.

Glük — Glük den Helden von Weimar und Friedland!

VI. P

Alle.

Glük zum Beginnen — Glük zur Rache, zur blutigen Rache! (Die Pokale werden geleert)

Major Lesle.

Schade, daß der Herzog nicht zugegen ist.

Hauptmann Buttler.

Sonst pflegt er wohl bei solchen freien Gelagen nicht gern zu fehlen.

Hauptmann Walther.

(heimlich zu Buttler) Wenn er nur nicht Unrath vermerkt — nicht schon Vorkehrungen getroffen hat!

Hauptmann Buttler.

(heimlich) Vork hält gute Wacht in der Stadt. Aus seinem Pallast kann er wenigstens nicht, oder er ist des Todes.

General Terzki.

Er war heute nicht zur geselligen Freude gestimmt. Große, kühne, schrekliche Plane beschäftigten seinen Geist. Wir hören vielleicht in dieser Nacht noch von ihm —

Oberster Gordon.

Den Befehl zum Aufbruch meint ihr doch wohl?

General Terzki.

Den bin ich jeden Augenblik gewärtig, weil er die Einladung zum Bankett ausgeschlagen, und sich heute so ganz sonderlich still und ruhig verhalten hat.

Major Lesle.

(für sich) Nur nicht vor Mitternacht noch, dieser Befehl! (laut) Der Kaiser wird gewaltig erschrekken —

P 2

General Kinski.

Und seine Pfaffen nicht minder —

Feldmarschall Illo.

Die Spanier am meisten — (Trompeten) Was ist das?

Oberster Gordon.

Das Zeichen der Wache im Schloßhof — sie geht die Mitternachtsrunde. (für sich) Nun muß es gelten.

Major Lesle.

Wir wollen unsern Herzog noch einmal hochleben lassen. (Die Pokale werden gefüllt) Herzog Albert von Friedland, unser Retter und Rächer —

(Die Thüren springen auf; Geraldin stürzt von der einen, Deveroux von der andern Seite mit Scharfschüzzen und Partisanen in den Saal.)

Hauptmann Geraldin.

Es lebe Ferdinand, unser Kaiser!

Hauptmann Deveroux.

Und lange sei das Haus Österreich glüklich!

General Kinski.

(aufspringend) Verrätherei! Verrätherei! (Die Tafel wird umgestürzt; ein Schuß tödtet ihn)

General Terzki.

Mörder! Meuchelmörder! (zieht den Degen und wehrt sich tapfer, wird aber erstochen)

Feldmarschall Illo.

(springt in einen Winkel des Saals und haut wüthend um sich herum) Verdammte Pfaffenbrut! meine Haut soll dir theuer zu stehen kommen. (verwundet einige auf ihn eindringende Soldaten)

Major Lesle.

Neumann entwischt —

Hauptmann Walther.

Nach — nach dem verruchten Reversschreiber! (verfolgt ihn mit einigen Soldaten)

Feldmarschall Illo.

Einer — einer nach dem Andern mir vor die Klinge, wenn ihr Männer, wenn ihr Soldaten seyn wollet! (Alle dringen auf ihn ein; er haut verzweifelt um sich herum, zerbricht dem Deveroux seinen Degen, tödtet drei Soldaten, verwundet den Geraldin, muß aber der Menge erliegen und wird mit zehn Stichen umgebracht) Menchelmörder — verruchte, satanische Menchelmörder! (fällt)

Hauptmann Deveroux.

Da lieg, grimmiger Teufel!

Hauptmann Walther.

(kommt zurük und zeigt seinen blutigen Degen) Schreiberblut! Neumann schreibt euch keine Reverse wieder.

Major Lesle.

Brav! — Aber was nun mit Wallenstein?

Hauptmann Deveroux.

Der muß heute noch in die Hölle. (reißt einem Soldaten die Partisane aus der Hand) Mir nach, zur Vollendung der Blutarbeit!

Tagesdämmerung. Weg von Neustadt nach Eger.

Herzog Bernhard. General-Adjutant von der Grün ihm zur Seite.

Herzog Bernhard.

Es ist noch Nichts verloren, sag' ich euch. Nur rasch vorwärts, daß wir vor Sonnenaufgang noch vor Eger erscheinen. Die Regimenter sollen mit Eile folgen. (Einige Adjutanten sprengen zurück) Es wäre ja schimpflich und ehrlos von uns, wenn wir ihn izt verlassen, izt nur noch zaudern wollten, ihn der Gefahr zu entreißen.

Generaladjutant Grün.

Wahr, gnädiger Herr! Bedeutenden Vortheil wird uns aber sein Übergang nun nicht mehr gewähren, da der größere Theil seines Heeres ihn schon verlassen hat.

Herzog Bernhard.

Es sei. Dieser Unfall war nicht voraus zu sehen. Wir sind ihm Treu und Glauben zu halten verbunden, wenn er uns auch keinen Reiter zuführen sollte. Und schon seine Person allein, sein hoher Thatenruf, seine ungeschwächte, unerschöpfliche Geisteskraft muß uns den Besiz des Helden ungemein schäzbar machen. Wir gewinnen doch wenigstens genau so viel mit ihm, als die ligistische Parthei an ihm verliert — und das ist, bei Gott! nicht wenig.

Generaladjutant Grün.

Das ist allerdings viel — es ist.... Seht da! ein Eilbote mit Gefolge!

Herzog Bernhard.

Ein Adjutant des Rheingrafen, wenn ich recht sehe. Gewiß ist schon etwas Bedeutendes vorgefallen.

Vorige. Adjutant Graf von Salm.

Herzog Bernhard.

Gute Botschaft?

Adjutant Salm.

Siegesbotschaft vom Rheingrafen, Herr Herzog! Wir haben eine heiße, blutige Nacht gehabt. Piccolomini, Wallensteins treuloser Freund, gedacht' uns, in Verbindung mit Gallas, zu umzingeln und mit Roß und Mann zu fangen. Der Versuch ist ihm übel bekommen. Wir haben uns durchgehauen, und die schreklichen Pappenheimer bis auf den lezten Mann aufgerieben. Der Rheingraf steht nur noch drei Stunden von Eger, und läßt um schleunige Verstärkung bitten.

Herzog Bernhard.

Ist im Anzuge — hat schon Befehl zur Eile. — Wieder ein Bote.

Generaladjutant Grün.

Des Lauenburgers Adjutant —

Vorige. Adjutant von Thalheim.

Herzog Bernhard.

Was so eilig?

Adjutant Thalheim.

Zurük, Herr Herzog! Mein gnädiger Herr ist gefangen — verrätherisch gefangen. Es könnt' euch ein Gleiches wiederfahren —

Herzog Bernhard.

Wie das? Wie fiel der Herzog in Feindes Hand?

Adjutant Thalheim.

Durch Arglist. Der Adjutant Moser mit einem Trompeter, in Wallensteins Leibfarbe gekleidet, war meinem gnädigen Herrn von Eger aus bis Tirschenreit entgegen gekommen. Er empfängt ihn im Namen des Herzogs von Friedland. Sie reiten in Freundschaft zusammen und sprechen über die nahe Vereinigung der Schweden und Sachsen mit dem Friedländer. Moser macht den edlen Franz treuherzig und sorglos, und versichert, daß Piccolomini's Abfall auf die übrigen Generale und ihre Regimenter auch nicht den mindesten Eindruk gemacht habe. Aber plözlich ändert der Heimtükkische Ton und Sprache, sezt meinem gnädigen Herrn das Pistol auf die Brust, erklärt ihn zum Gefangnen des Kaisers —

Vorige. Oberster von Rose.

Oberster Rose.

Zurük — zurük! Es ist alles verrathen — Alles in Aufruhr — Wallenstein ermordet —

Herzog Bernhard.

Schreklich — entsezlich!

Oberster Rose.

Zurük, Herzog! und alle Regimenter zurük. Der Lauenburger ist gefangen, Eger in Aufruhr, Held Wallenstein meuchelmörderisch umgebracht, euer Anschlag vereitelt und vernichtet. —

Herzog Bernhard.

Unerforschliches Schiksal! — Aber es hat so nicht seyn — die evangelische Freiheit hat so nicht triumphiren sollen — Laßt zum Rükzug blasen!

Wien. Zimmer in der Burg.

Kaiser Ferdinand. Kardinal Fürst von Dietrichstein. Fürst von Eggenberg. Pater Chiroga.

Kaiser Ferdinand.

Das hab' ich nicht gewollt — Das ist meine Meinung nicht gewesen. So schrecklich und schändlich sollte der große Mann, der Held und Retter Österreichs nicht fallen.

Kardinal Dietrichstein.

Es ist geschehen und nun nicht mehr zu ändern, gnädigster Herr und Kaiser!

Kaiser Ferdinand.

Nicht zu ändern — nicht ins Leben zurükzubringen der große, gewaltige Held Wallenstein — nicht wegzuwischen von meiner Stirn das häßliche Brandmal der Undankbarkeit und der Meuchelei! — O! es ist schreklich — es ist abscheulich! — Und wer hat die Mordthat geboten? wer sich erdreustet und erteufelt, in meinem — in des Kaisers Namen den Streich zu führen?

Kardinal Dietrichstein.

Ihr selbst, Kaiser Ferdinand!

Kaiser Ferdinand.

Ha! das lügt ihr, Kardinal! Es ist mir nicht in den Sinn gekommen, mich des schreklich-großen Mannes auf eine so schändliche Art entledigen zu wollen.

Kardinal Dietrichstein.

Ihr habt den Rebellen geächtet, für vogelfrei erklärt —

Kaiser Ferdinand.

Unwahrheit, Eminenz! Des Hochverraths schuldig hab' ich auf eure schwere Klage den Friedländer erklärt und ihn zu richten geboten nach der Strenge des Gesezzes — aber nicht Mord, nicht Meuchelmord hab' ich geboten und beabsichtiget —

Kardinal Dietrichstein.

So seid ihr ja unschuldig, und es haftet von dem Blute der Erschlagenen auch nicht ein Tropfen auf euerm Gewissen.

Kaiser Ferdinand.

Aber auf meinem Namen haftet das Brandmal des Meuchelmörders — auf

Ferdinand der ewige Fluch der ernsten Geschichte.

Kardinal Dietrichstein.

(unwillig) Thorheiten! — Schrekbilder für Kinder und Schwachköpfe! — Was wär' es nun auch, und wer möcht' es euch verübeln, wenn ihr euch des furchtbaren Verräthers und seiner Rotte durch einen Gewaltstreich entlediget hättet? War Wallenstein noch nicht reif zum Gericht? Solltet ihr länger noch kleinmüthig zaudern, das Ungeheuer zu vertilgen? Standen nicht eure Kronen, stand nicht Freiheit und Leben, und die Religion sogar auf dem Spiel? Solltet ihr nicht, mußtet ihr nicht dem Teufel zuvor kommen in der Ausführung seiner höllischen Entwürfe? Und wenn ihr es nicht wolltet aus Verzagtheit, oder nicht vermochtet aus Gutmüthigkeit, war es nicht verdienstlich von dem, der in euerm Namen Tod und Verderben gebot über Wallenstein und seine Rotte, daß er euch und uns rettete, und das Reich und die Kirche befreiete von ihrer fürchterlichen Tirannei? — Was fürchtet ihr von der richtenden Geschichte? Sie müßte Verachtung über euch aussprechen, wenn ihr die Verschwornen noch länger geschont und dadurch ihnen selbst sogar Zeit gelassen und Vorschub gethan hättet zur Vollendung ihres Bubenstüks. Wären die Teufel gestern nicht gefallen, so wäre die Rebellion heute schon ausgebrochen, und es stünde nun nicht mehr in euerer Macht, der Mordflamme zu wehren und die Majestätsverbrecher und Gottesschänder zu strafen. Darum mußten sie fallen,

Kaiser Ferdinand! mußten der gekränkten Religion und der so schwer beleidigten als gefährdeten kaiserlichen Majestät wegen gestern noch fallen —

Kaiser Ferdinand.

Fallen, Herr Kardinal! aber unter dem Schwerte des gesezlichen Bluträchers, und nicht unter den Dolchen der Meuchelmörder — und nicht in der Trunkenheit — nicht in ihren Sünden.

Kardinal Dietrichstein.

Drükt und ängstet es euch da, so giebt es wohl Rath dafür. Laßt Seelenmessen lesen für die Gefallnen —

Kaiser Ferdinand.

O! tausend — tausend — (Fürst von Eggenberg erscheint in der Thüre.)

Kardinal Dietrichstein.

Ha! der Alte! was wird er wollen?

Kaiser Ferdinand.

(erschüttert) Hilf Gott und alle Heiligen! was werd' ich hören müssen von dem redlichsten und freimüthigsten Mann' in allen meinen Reichen? (gefaßt und sehr gütig) Nur näher, lieber Alter! Warum zögert ihr denn? Bringt ihr uns schlimme Botschaft?

Vorige. Fürst von Eggenberg.

Fürst Eggenberg.

Ihr habt sie schon — die beste, die, nach den Absichten gewisser Menschen, euch werden konnte. Was ich kaiserlicher Majestät für meine Person unterthänigst zu eröffnen habe, das ist sehr wenig, und gewiß nicht schlimmer, als die heutigen Nachrichten aus Eger. Ich bringe meinen Abschied, und bitte, meiner Ämter und Pflichten mich in Gnaden zu entlassen.

Kardinal Dietrichstein.

(für sich) Trefflich! So überhebt er uns der Arbeit, ihn zu stürzen.

Kaiser Ferdinand.

(betroffen) Ihr bringt euern Abschied? Was bewegt euch dazu?

Fürst Eggenberg.

Das Gefühl meiner Schwäche und nunmehrigen Nuzlosigkeit, gnädigster Herr!

Kaiser Ferdinand.

(seine Hand fassend) Fürst und Vater Eggenberg! euer zürnendes Herz, euer wehmüthig gebrochnes Auge bezüchtiget mich einer schweren Sünde. — Ich bin unschuldig.

Fürst Eggenberg.

Ich weiß es, Herr Kaiser! und es sei fern von mir, daß ich euch zum Urheber jener gräßlichen Unthat machen sollte. Aber laßt mich davon schweigen und meine vorige Bitte ehrfurchtsvoll wiederholen.

Kaiser Ferdinand.

Für den Augenblik kann sie euch nicht gewähret werden, weil man mir eure Verabschiedung zum Vorwurf machen, sie für die nächste Folge der Ermordung Wallensteins verschreien würde. Ihr geduldet euch also noch —

Fürst Eggenberg.

Keinen Tag und keine Stunde, gnädigster Herr! Mag man auch meinen Abtritt für eine Folge jener Abscheulichkeit ansehen und öffentlich verkünden, wie er es denn wahrhaftig auch ist: so kann dieser Umstand mich nicht bestimmen, mein Wort zuzük zu nehmen, weil ich euch von nun an, bei aller Anhänglichkeit und Treue, dennoch ein nuzloser, ärgerlicher und sogar furchtbarer Diener seyn würde.

Kardinal Dietrichstein.

Er truzt und drohet der kaiserlichen Majestät in's Angesicht? — es ist entsezlich!

Kaiser Ferdinand.

(seitwärts zum Kardinal) Friede — Friede, Kardinal! (freundlich zu Eggenberg) Es ist so böse wohl nicht gemeint, lieber Fürst! Wie könnte der nüzlichste Mann im Staate mir nuzlos, wie der Redlichste meiner Freunde mir ärgerlich und sogar furchtbar werden?

Fürst Eggenberg.

Bin ich's euch etwa nicht schon? War ich euch so eben eine liebe, willkommne Erscheinung? Fühlt ihr euch nicht eben izt in meiner Gegenwart verlegen, mißmuthig, beängstiget? Fürchtet ihr nicht von Augenblik zu Augenblik, daß ich losbrechen und über den gräßlichen Vorfall in Eger Rechenschaft fodern werde?

Kaiser Ferdinand.

Rechenschaft — von wem?

Fürst Eggenberg.

Von den Urhebern der dort verübten Greuel — von den Verwegnen, die im Namen des Kaisers Meuchelmord geboten, und dadurch eurer Regierung einen unauslöschlichen Schandflekken —

Kaiser Ferdinand.

Nicht mir und meiner Regierung, Fürst! Ich habe keine Schuld an dem blutigen Vorfall in Eger; habe zu Wallensteins Verhaftung zwar, aber nicht zur Ermordung der Helden Befehl gegeben. Verflucht der Gedanke an Meuchelmord! Mich kann kein Vorwurf der Zeitgenossen, keine Rüge der Nachwelt treffen.

Fürst Eggenberg.

Und doch, gnädigster Herr! weil ihr ihn hättet hindern — durch Gerechtigkeit gegen den Herzog von Friedland ihm hättet zuvorkommen — durch ein Wort, durch einen Federzug den höllischen Anschlag seiner Feinde hättet vernichten können.

Kaiser Ferdinand.

Entsezlich, daß man mir das sagen darf!

Hab' ich um den Mordanschlag gewußt? Hab' ich ungerecht gehandelt gegen den Friedländer?

Fürst Eggenberg.

Das Erstere wohl nicht, aber das Lezte —

Kardinal Dietrichstein.

Welch eine Frechheit! Soll und darf so etwas ungeahndet bleiben?

Fürst Eggenberg.

(wirft einen verächtlichen Blik auf den Kardinal, ohne ihn weiter einer Antwort zu würdigen.) Ihr habt meine warnenden Vorstellungen in den Wind geschlagen, und Wallensteins Feinden mehr, als der Wahrheit und Gerechtigkeit Gehör gegeben — habt den Obergeneral mondenlang ohne Unterstüzzung gelassen, und der Verleumdung und Verfolgung seiner Widersacher blosgestellt — habt auf einseitige, offenbar gehässige Anklage verdammt, ohne den Beklagten gehört zu haben, und ihn dadurch erst zur Nothwehr und zu strafbaren Bündnissen mit den Feinden verleitet — habt ihn dann und dadurch erst gereizt und gezwungen, Verräther und Rebell zu werden, und seiner bedrohten Selbsterhaltung und seiner beschimpften Ehre die euch geschworne Treue aufzuopfern. Diese wahren, nicht abzuleugnenden Thatsachen — wären sie dem Mordanschlage nicht vorhergegangen, so hätte er nicht gefaßt und noch weniger ausgeführt werden können, und so hätte man es, bei Gott und allen Heiligen! nicht gewagt, euern Namen so schändlich zu mißbrauchen, eure Regierung mit solch einem verfluchten Bubenstük zu brandmarken. Aber — es ist verübt und nun nicht mehr ungeschehen zu machen. Wohl euch, wenn es euch in seinen Folgen nicht noch verderblicher wird, als es euch in seiner Verübung gewesen ist! — Kein Wort mehr davon. Ich bitte nochmals unterthänigst um sofortige gnädige Dienstentlassung.

Kaiser Ferdinand.

Sie soll euch werden, da ihr so hartnäkkig drauf besteht. Wir scheiden ohne Haß und Groll, so böse Worte ihr mir auch gesagt habt. Wenn die Nachwelt mit solcher Strenge über mich richten sollte, als ihr, so hätt' ich, fürwahr! ein sehr schweres, verdammendes Urtheil zu erwarten.

Fürst Eggenberg.

Die Nachwelt richtet wahrhaftiger, folglich auch strenger, als wir. Was ich euch zum Vorwurf gemacht habe, das bleibt in alle Ewigkeit, und davon kann euch kein Priester, kein Heiliger und kein Gott lossprechen. Aber von dem häßlichen Verdacht des Meuchelmords, — der izt noch auf euch haftet, sollet ihr euch in Zeiten öffentlich reinigen —.

Kaiser Ferdinand.

Ich habe keine Schuld daran. Gott und mein Gewissen giebt mir das beruhigende Zeugniß, daß ich ihn nicht gewollt habe. Ich will jedoch thun, was ich kann, um auch diesen Verdacht zu unterdrükken, und es sollen für die armen Seelen der Gefallnen drei tausend Seelmessen gelesen werden.

Fürst Eggenberg.

Wohl und löblich, gnädigster Herr!

Was hat aber diese fromme Verfügung mit eurer Schuldlosigkeit gemein? und wie können tausend und aber tausend Seelmessen zu eurer Rechtfertigung sprechen. Nein, Herr Kaiser! es ist nicht genug, daß ihr euch der Welt als einen frommen Mann darstellt — ihr müsset euch auch als einen gerechten Fürsten, Richter und Rächer beweisen — müsset die schuldlosen Erben der Ermordeten in ihre Rechte und Güter wieder einsezzen — müsset die frechen Verfälscher eurer Befehle, die hochverrätherischen Urheber und Vollstrekker jener Abscheulichkeiten zur Verantwortung ziehen, und öffentlich Blutgericht über sie halten —

Kaiser Ferdinand.

Wenn sie zu erkundschaften und zu erlangen sind.

Fürst Eggenberg.

Sie sind nicht fern von euch. Ich will euch die Buben bezeichnen und in die Hände liefern —

Kardinal Dietrichstein.

(für sich) Verdammter Graukopf! Du hättest die Stirn dazu. (laut) Solltet ihr wohl eurer Sache so gewiß seyn? Wie, wenn ihr in eurer Partheilichkeit, in eurer wilden Rachgierde einen Fehlgriff thätet?

Fürst Eggenberg.

Auf meine Gefahr, Herr Kardinal —

Kardinal Dietrichstein.

Auf eure Gefahr hätte ein Kaisermord verübt werden, und Wallenstein sein hochverrätherisches Werk vollenden können.

Fürst Eggenberg.

Heuchlerischer Bösewicht! du hast den Meuchelmord geboten —

Kardinal Dietrichstein.

Verräther! Du hast um Wallensteins Plane gewußt und hast sie begünstiget —

Kaiser Ferdinand.

(tritt zwischen Beide) Versöhnung und Friede! Friede — Friede. —

Vorige. Geheimer Rath Graf von Schlik.

Geh. Rath Schlik.

Erfreuliche Botschaften von der Donau, gnädigster Herr! Die Erhebung des Königs von Ungarn zum Oberfeldherrn hat die standhaften Vertheidiger des Glaubens mit neuem Muth belebt; sie strömen seinen Fahnen bei Haufen zu. Der königliche Held hat das Heer binnen wenigen Tagen bis auf dreißigtausend Mann verstärkt, und steht schon vor Regenspurg; er ist vest entschlossen und es wird ihm gelingen, das bedrängte Teutschland in diesem Jahre noch von seinen grausamen Feinden zu befreien.

Kaiser Ferdinand.

Das gebe Gott! Wir wollen unsern geliebtesten Sohn dabei aufs kräftigste unterstüzzen.

Kardinal Dietrichstein.

Wohl, Herr Kaiser! Dann wird es bald offenbar werden, wer der wahrhaftig größere Held ist — ob Ferdinand oder Wallenstein?

Fürst Eggenberg.

Ob Ferdinand, oder Bernhard? das ist izt die Frage.

Geh. Rath Schlik.

Die ist's izt. Aber es steht dahin, was Bernhard an seinem Heldenruhm gewinnen oder verlieren wird, da er es mit keinem verrätherischen Gegner mehr zu thun hat.

Fürst Eggenberg.

Bernhard und Wallenstein haben einander wohl nicht geschont —

Kardinal Dietrichstein.

Der König von Ungarn, wird fürwahr! auch nicht schonen —

Fürst Eggenberg.

Und Bernhard sich nicht verdunkeln lassen. Kein Wunder, wenn ein Kaisersohn glänzend auftritt. So und noch glänzender würde Wallenstein abgetreten seyn, wenn man ihn nur mit der Hälfte dessen, was die Ausrüstung Ferdinands gekostet hat, nothdürftig unterstüzt hätte. Man wird den Ermordeten sehr vermissen, fürcht' ich, sobald sich Bernhard in seiner ganzen Kraft gegen den jungen Helden erheben wird.

Kaiser Ferdinand.

Scheint es doch beinahe, als wolltet ihr dem König von Ungarn die Tüchtigkeit zum Heerführeramte absprechen.

Fürst Eggenberg.

Die Tüchtigkeit nicht, aber die Kriegserfahrung. Gegen Bernhard, behaupt' ich, konnte nur ein Wallenstein bestehen. — Ich bitte nochmals um meinen Abschied.

Koburg. Zimmer im Schlosse.

Herzog Bernhard. Oberster von Rose.

Oberster Rose.

Es geht rasch und kek vorwärts.

Herzog Bernhard.

Wie ich höre. Der Jüngling wird es dem Alten zuvorthun, wird sich noch über Wallenstein emporschwingen wollen.

Oberster Rose.

Er beginnt nicht übel. Der Oberpfalz hat er sich doch schon Meister gemacht.

Herzog Bernhard.

Kein Wunder, da ihm so wenig ent-

gegen stand. Laßt sehen, ob sich das Glük und der Sieg auch dann noch für den königlichen Jüngling erklären werden, wenn Weimar sich ihm in Person entgegen wirft.

Oberster Rose.

Der Jüngling ist von treflichen Alten umgeben. Der schlaue Maximilian von Baiern, und der feurige Karl von Lothringen, und die Helden Gallas, Sperreuter, Werth, Altringer und Piccolomini stehen ihm zur Seite. —

Herzog Bernhard.

Brave, tüchtige Soldaten, die jedoch Alle zusammen noch keinen Wallenstein ersezzen. Man wird ihn gar bald vermissen, und wird es zeitig genug noch bereuen, den gewaltigsten Mann im Reiche so frech und so schändlich vernichtet zu haben. Er allein war mehr werth, als alle Generale des Kaisers, mehr als ein ganzes Heer —

Oberster Rose.

In Verbindung mit ihm, was wär' uns dann noch zu schwer und zu ungeheuer gewesen?

Herzog Bernhard.

Ganz Europa hätten wir erschüttern und allen Reichen und Verfassungen eine andere Gestalt geben können, wenn wir gewollt hätten. Den Kaiser und die Liga zum Frieden zu zwingen und die Religionsfreiheit auf den Thron zu erheben, hätt' uns fürwahr keine sonderliche Anstrengung gekostet, was auch immer von den Pfaffen und ihren Sklaven dagegen aufgeboten, gewagt und gewüthet worden wäre. Das ist nun aber vorbei und wir müssen uns bei der gegenwärtigen Lage der Dinge nur aufrecht zu erhalten suchen. —

Vorige. Adjutant von der Grün.

Adjutant Grün.

Hülfe — Hülfe nach der Donau, Herr Herzog! Die ganze Oberpfalz ist von feindlichen Schaaren überschwemmt, und Ferdinand steht vor Regenspurg.

Herzog Bernhard.

Wahrhaftig schon vor Regenspurg?

Adjutant Grün.

Mit zwanzigtausend wohlgerüsteten Mannen und mit allen Erfordernissen zur Belagerung treflich versehen.

Oberster Rose.

Der Jüngling macht uns zu schaffen, Freund!

Herzog Bernhard.

Was ich ihm fast nicht zugetraut hätte. Wir müssen seine Kräfte nun selbst versuchen. Es ist Zeit, den reißenden Fortschritten des Feindes Einhalt zu thun. Die Belagerung von Kronach soll sogleich aufgehoben werden, und General Courville soll alle unsre in Franken zerstreuten Regimenter zusammen ziehen und bei Dünkelsbühl versammeln. Ich werde dort Heerschau über sie halten, und dann mich selbst wieder an die Spizze stellen. Man muß seinen Feind doch nie zu gering schäzzen und zu sehr vernachlässigen.

Oberster Rose.

Fast doch habt ihr euch den Junker zu hoch an den Kopf wachsen lassen. Es ist aber gerade noch Zeit —

Herzog Bernhard.

Ich denke wohl auch, daß es nicht Noth haben soll. — Aber noch Eins, Lieber! Um den Rükken frei zu behalten, muß Arnim uns nachrükken und dekken. Nun wißt ihr, daß ich meinem lieben Vetter in Dresden, des Friedens halber, nicht so ganz herzlich vertraue. Darum wünscht' ich wohl, daß ihr selbst dahin eiltet und auskundschaftet, wie die Sachen dort stehen, und was man sich auf alle Fälle von dorther zu versprechen habe.

Oberster Rose.

Höchstnöthig diese Vorsicht, Herr Herzog! Ihr sollet guten, aufrichtigen Bescheid darüber erhalten.

Dresden. Zimmer im Hause des Oberhofpredigers.

Doktor Matthias Horn. Geheimer Hofkriegsrath Freiherr von Questenberg.

Doktor Horn.

(dem eintretenden G. R. Questenberg entgegen)

Ihr seid mir recht herzlich willkommen, mein theuerster Freund! aber für die bewußte Angelegenheit kommt ihr mir noch zu früh.

Geh. Rath Questenberg.

Auch izt noch zu früh? Das hätt' ich

unter den gegenwärtigen Umständen, fürwahr! nicht vermuthet, lieber Doktor!

Doktor Horn.

Versteht mich nicht unrecht, Herr Baron! Die Umstände sind wohl gut für die Wünsche des kaiserlichen Hofs, und mein gnädiger Herr ist gewiß nicht abgeneigt, diesen erhabnen Wünschen zu begegnen. Aber — ihr wißt ja, wie es bei solchem Handel zu gehen pflegt, und wie viele Mittelspersonen erst genommen werden wollen —

Geh. Rath Questenberg.

Ah! ich verstehe, Herr Doktor! Es fehlt wohl noch am besten?

Doktor Horn.

Daran, Freund! um es euch nur aufrichtig zu gestehen. Mit dem Gewissen des gnädigen Herrn wär' ich nun im Reinen, aber die übrigen in diesen wichtigen Handel eingreifenden Männer wollen doch wenigstens in der Ordnung auch noch begrüßt seyn.

Geh. Rath Questenberg.

Allerdings, lieber Matthias! und um den Anfang sogleich bey dem rechten Mann zu machen — (zieht ein Papier aus seiner Brieftasche, und schiebt es dem Oberhofprediger in die Hand) Ächte, gute Waare, Herr Doktor! und in dieser Stunde noch zahlbar.

Doktor Horn.

Wohl, Herr Baron! Nun hab' ich doch Kraft zu würken. Ich spreche diesen Morgen noch mit dem Kurfürsten und einigen vermögenden Räthen, und sag' es ihnen unverholen, daß ihr, mit großer Vollmacht zum Handel versehen, eine förmliche Unterredung wünschtet — und zu dieser verhelf' ich euch binnen heute und morgen gewiß.

Geh. Rath Questenberg.

Mehr begehr' ich auch nicht von euch —

Doktor Horn.

Mehr kann ich euch auch nicht, und den endlichen Abschluß des Handels vollends gar nicht gewähren.

Geh. Rath Questenberg.

Versteht sich von selbst, lieber Mann! Bewürkt ihr mir nur die abermalige Einleitung des Geschäfts, durch Ernennung einer Kommission zum Handeln mit mir, so bin ich vollkommen zufrieden. Das Übrige werd' ich schon selbst durchführen, und es bis auf den Punkt bringen, wo ich es haben will.

Doktor Horn.

Aufs Wort, Herr Baron! Ich speise heute bei Hofe. Sogleich nach aufgehobner Tafel erhaltet ihr guten Bescheid, und morgen vielleicht schon beginnet der Handel, wenn ihr wollet, auf dem Schlosse zu Pirna.

Geh. Rath Questenberg.

Mir ist jeder Ort gleich recht, und es soll mir lieb seyn, wenn man rasch und mit Eile zu Werke geht.

Doktor Horn.

Das soll man wohl, und ich werde meinem gnädigen Herrn deswegen gar scharf zusezzen.

Geh. Rath Questenberg.

Das thut, Lieber! Auf Wiedersehen also — (will gehen)

Doktor Horn.

Auf freundliches Wiedersehen! (ihn begleitend) Noch Eins, Freund! Es ist doch entsezlich, daß Wallenstein in seinen ungeheuern Sünden und so schändlich dahingefahren ist. Konnt' er denn nicht gewarnt und nicht gerettet werden?

Geh. Rath Questenberg.

Nein.

Doktor Horn.

Warum denn nicht?

Geh. Rath Questenberg.

Weil er nicht wollte?

Doktor Horn.

Wollte nicht? Sonderbar! — Der Kaiser hätt' ihn doch nicht fallen lassen sollen. Er war doch ein wunderlich, großer Mann.

Geh. Rath Questenberg.

Wahrlich! der war er. Es wird dem Hause Österreich sobald nicht ein Wallenstein nachwachsen.

Doktor Horn.

Gewiß nicht. Menschen, wie Wallenstein und Gustav, sind seltne Erscheinungen. Man wird ihn gar bald vermissen, fürcht' ich. Wenn er nur kein Verräther gewesen wäre.

Geh. Rath Questenberg.

Davon schweigt doch ja, Herr Matthias! Wenn ihr diese Saite berührt, so klingt sie in manchem Kabinet Europens und auch im Kabinet eures gnädigen Herrn gar widerlich und grausend wieder. (geht)

Feldlager vor Regenspurg. Königsgezelt.

König Ferdinand. Kurfürst Maximilian. Herzog Karl. Feldmarschall Graf von Gallas. Geheimerrath Graf von Trautmannsdorf.

Herzog Karl.

Sie müssen mit dem Teufel verbündet seyn, diese Schweden. Binnen acht Tagen dreißig Ausfälle zu thun, und jedesmal ohne sonderlichen Verlust und fast ganz heiler

Haut wieder hinter ihre Brustwehren zu kommen — beim heiligen Georg! das ist zu toll, und kann nicht mit rechten Dingen zugehen.

Kurfürst Maximilian.

Und doch, Herr Herzog! Der langwierige Krieg hat das von Natur schon kraftvolle und tapfre Schwedenvolk noch mehr abgehärtet und gegen jede Kriegsarbeit und Gefahr fast ganz unempfindlich gemacht. Jeder ein Held, und von Partheihaß und Religionswuth entflammt, hält sich dieses Volk durchaus für unüberwindlich, und geht dem Tod' und dem Siege truzzig und unverzagt entgegen. Wir haben es, fürwahr! mit keinem gemeinen, haben es mit einem verwegnen und furchtbaren Feinde hier zu thun —

S 2

König Ferdinand.

Desto besser, Herr Kurfürst! Desto verdienstlicher und ehrenvoller für uns, wenn wir ihn rasch bezwingen. Und bezwungen muß er werden binnen sechs und acht Tagen, so wahr meine Kron' und mein Leben mir lieb ist.

Kurfürst Maximilian.

Sezt nicht mit Einmal zu viel aufs Spiel, lieber Ferdinand! Mit List möcht' es euch vielleicht noch eher gelingen, aber mit Gewalt —

König Ferdinand.

Es muß — und wenn ich will und tausend Köpfe daran sezze, so muß es mir heute noch gelingen. Ich lasse stürmen — stürmen, ohne einen Schuß weiter zu thun —

Feldmarschall Gallas.

Gemach, Herr König! Es stürmt sich so leicht hier nicht, und so überzählig ist unser Heer bei weitem auch noch nicht, daß wir, um nur zu glänzen, sogleich tausend Mann in die Schanze schlagen könnten. Überhaupt scheint es mir gerathner, bei allen unsern Unternehmungen izt noch die äußerste Vorsicht zu beobachten, wenig zu wagen, und nur da uns einzulassen, wo wir des Siegs durch unsre Überlegenheit im voraus schon fast ganz versichert seyn können. Der größere Theil unsrer Soldaten ist neugeworben und mit den Beschwerden und Gefahren des Kriegs noch nicht bekannt genug; der Glaube an Wallensteins Unüberwindlichkeit haftet zu vest noch in den Gemüthern der alten Krieger. Das

Vertrauen auf den neuen königlichen Oberfeldherrn hat noch nicht tief genug Wurzel geschlagen und noch kein Unwetter bestanden — Laßt einen einzigen Hauptstreich mißlingen und zu unserm Verderben ausfallen, so ist es um die Herzhaftigkeit dieses Heeres, und um die Herrlichkeit eurer Thaten geschehen, und ihr seid gezwungen, einen laut und glorreich begonnenen Feldzug in ärgerlicher Stille zu beschließen, und all eure herrlichen Plane unrühmlich aufzugeben —

Geh. Rath Trautmannsdorf.

Sehr wahr, Herr König! und auf theure Erfahrungen gegründet, was der Feldmarschall behauptet, so wenig es auch immer euerm edlen kriegerischen Ungestüm gefallen mag. Geduld nur, bis eure persönliche

Tapferkeit den Friedländer erst vergessen gemacht hat und bis es euch gelungen ist —

König Ferdinand.

Ja, Geduld — Geduld und bedachtsasames Zaudern, bis unsre Überraschung nichts mehr fruchtet, der Feind von seiner ersten Bestürzung sich erholt, Bernhard seine Streitkräfte auf Einen Punkt zusammen drängt, und zum Entsaz herbeieilt —

Feldmarschall Gallas.

Das nicht, gnädigster Herr! und so hab' ich meine gutachtliche Meinung nicht verstanden und gedeutet wissen wollen. Die Belagerung soll und muß allerdings rasch und eifrigst fortgesezt, der Soldat bei Tag und bei Nacht in Arbeit erhalten, der Feind ununterbrochen geneckt und geschreckt, geschlagen und aufgerieben werden. Aber ich warnte nur und warne noch vor Übereilungen, Tollstreichen und Aufopferungen ohne Noth, Nuzzen und Frommen, und warne, den Feind nicht geringschäzzig zu nehmen, und gegen seine Listen und Ränken auf guter Hut zu bleiben —

Kurfürst Maximilian.

Das ist's, Herr König! So schwach die Besazzung von Regenspurg, der Zahl nach, auch immer seyn mag, so hat sie es uns doch schon vielfältig bewiesen, daß sie an innrer Kraft stark genug ist, es mannhaft mit uns aufzunehmen. Besser daher, wir sezzen die Belagerung des Plazzes regelmäßig fort, und wagen izt noch keinen Sturm —

König Ferdinand.

Ich werd' ihn doch gebieten, und meinen Befehl zu behaupten wissen, sobald ich ihn für zwekmäßig erachte. Heute wär' ein solches Beginnen allerdings Thorheit. Der Feind ist mir noch zu mächtig und wakker. Er muß erst mürbe gemacht, und Stadt und Veste muß in ihren Gründen gewaltiger erst erschüttert werden —

Vorige. General Johann von Werth.

General Werth.

Freut euch, Held Ferdinand! Die Gelegenheit zur Verherrlichung eures königlichen Namens ist da. Die Schweden rükken mit Macht heran. Weimar hat bei Dünkelsbühl Heerschau über sie gehalten und zwanzigtausend Streiter gezählt. Wakkre Gesellen, diese Männer, und Held Bernhard an ihrer Spizze —

König Ferdinand.

Dank für gute Botschaft! Ich glühe vor Begierde, mit diesem mir lästig-großen Menschen zusammen zu treffen, und es auf Leben und Tod mit ihm zu wagen. Aber Regenspurg muß fallen vor seiner Ankunft — muß fallen im Sturm —

Feldmarschall Gallas.

So fällt es nicht. Keine Übereilung, Herr König! Laßt uns wenigstens erst Kriegsrath halten.

Geh. Rath Trautmannsdorf.

Thut dieß, so seid ihr gedekt und verwahrt.

König Ferdinand.

Es sei. Die ganze Generalität soll straks zusammen berufen werden.

Feldlager bei Kehlheim. Herzogsgezelt.

Herzog Bernhard. Reichskanzler Graf von Oxenstiern.

Reichskanzler Oxenstiern.

Es ist vorbei damit. Der ungeheure Koloß ist gefallen, und durch diesen Fall ist doch wenigstens das durch unsres Königs Tod gewaltig erschütterte Gleichgewicht unter den streitenden Partheien wieder hergestellt. Unser Vereinigungsplan war also nur ein flüchtiger, schöner Traum! — Freilich wohl, wenn es Wallenstein diesmal redlich mit uns gemeint und seine Verheißungen in ihrem ganzen Umfange erfüllt hätte: so wäre für uns und für die gute Sache der Wahrheit und Freiheit unermeßlich viel zu gewinnen gewesen —

Herzog Bernhard.

Allerdings! Aber ich denke nicht mehr daran. Es hat nach Gottes ewiger Weisheit nicht seyn, und unser Werk hat auf diese Weise nicht hinausgeführt werden sollen —

Reichskanzler Oxenstiern.

Gewiß nicht, sonst wär' es Wallensteins Feinden nicht so schreklich gelungen.

Herzog Bernhard.

Und dann, Herr Reichskanzler! ist ja durch jenes blutige Ereigniß für uns so gar viel nicht, und höchstens doch nicht mehr, als der Gewinn in der Hoffnung verloren.

Haben wir uns bisher gegen den Kaiser und die Liga, unter Wallensteins Heerführung, ruhmvoll behauptet, so werden wir uns doch wohl, nach dieses großen Mannes Fall, um so eher behaupten, und den Krieg mit ungleich stärkerer Sieges-Zuversicht fortsezzen können.

Reichskanzler Oxenstiern.

Dieser mannhaften Meinung bin ich wohl auch, und dabei fest überzeugt, daß wir von Ferdinands jugendlichem Ungestüm überhaupt sehr wenig, und von der äußersten Kraftanstrengung unsrer zahllosen und mächtigen Widersacher durchaus Nichts zu befürchten haben, so lange noch ein Bernhard von Weimar unsern Fahnen den Sieg vorträgt, und der Liga Ehrfurcht und Huldigung gebietet.

Herzog Bernhard.

Herr Reichskanzler! Diese sonderbare Wendung — scheint es doch beinahe, als ob ihr mir eine Schmeichelei damit sagen wolltet.

Reichskanzler Oxenstiern.

Das wär' wohl unter meiner und eurer Würde, und Gott behüte mich und jeden schwedischen Mann für diese arge Sünde. Aber offenherzig will ich mich endlich einmal gegen euch erklären, und euch mit Einem Worte über mein zeitheriges Benehmen gegen euch Aufschluß geben. — Ihr seid ärgerlich und sogar erbittert, edler Herzog! weil ich eure Wünsche bis izt noch unerfüllt gelassen, und euch mit dem Obergeneralat über die gesammten schwedischen und protestantischen Heere in Teutschland bis diese

Stunde noch nicht förmlich und feierlich bekleidet habe. Es thut mir leid, daß der erste teutsche Mann und Held unzufrieden mit mir ist. Wenn ihr aber in der Meinung steht, daß es mir an gutem Willen fehle, dem glänzendsten Verdienste die höchste Kriegswürde zu ertheilen, so seid ihr sehr irrig. Nein, Herzog! euch, und euch vor allen Tapfern unsers Bundes, gebührt diese stolze Würde in ihrem weitesten und gewaltigsten Umfange, und sie soll und muß euch werden. Aber als Schwede kann ich sie euch nicht zuerkennen, um nicht eine gehässige und verderbliche Eifersucht in den Herzen der schwedischen Generale zu erregen — und als Direktor der evangelischen Union mag ich sie euch nicht zuerkennen, um auch in dieser Angelegenheit den Schein des herrischen Eingreifens in die Rechte der teutschen Stände zu vermeiden. Geduld jedoch bis zum nächsten Konventstage — und hier mein Wort und meine Hand darauf, daß die Sache dann in voller Versammlung der Stände von mir zur Sprache gebracht, und so glorreich als befriedigend für euch entschieden werden soll. Seid ihr zufrieden damit und nun auch mit mir?

Herzog Bernhard.

(Handschlag) Ich bin's, Herr Reichskanzler! und danke für eure Zusage.

Reichskanzler Oxenstiern.

Und nun wirkt ihr wieder mit freudigem Herzen und mit voller Kraft zum Besten des Bundes?

Herzog Bernhard.

Auch ohnedies, Freund! wenn man mich

nur nachdrüklicher, als bisher, unterstüzt und baldigst in den Stand sezt, den Regimentern ihren rükständigen Sold bezahlen zu können.

Reichskanzler Oxenstiern.

Das soll geschehen, und die binnen heute und morgen hier eintreffenden schwedischen Gelder sollen diesmal unverkürzt in eure Kriegskasse fließen. — Zwanzigtausend Mannen zähltet ihr also bei der Heerschau? und mit dieser Macht glaubt ihr dem König von Ungarn begegnen zu können?

Herzog Bernhard.

Getrost und unverzagt, wiewohl der Feind gewiß noch zehntausend Köpfe mehr zählt. Aber diese Köpfe sind darum noch keine Männer, und die Überzahl hat gegen uns noch nie widrig entschieden. — Ha!

seht — (Obrister von Rose erscheint am Gezelt) Es ist dem wakkern Mann doch vergönnt, in eurer Gegenwart zu berichten?

Reichskanzler Oxenstiern.

Sehr gern. Er ist euer würdiger Freund und hat meine Achtung. (Herzog Bernhard winkt ihm.)

Vorige. Oberster von Rose.

Reichskanzler Oxenstiern.

Woher so eilig?

Herzog Bernhard.

Er kommt von Dresden, und wird uns über die dortige Lage der Dinge guten Bescheid geben. — Willkommen, Freund! Ihr habt die Heerschau versäumt. Ich bin immittelst weit vorgerükt.

Oberster Rose.

Wie ich mit Freuden bemerke. Schon so nahe an den Ufern der Donau hätt' ich euch nicht vermuthet.

Herzog Bernhard.

Ihr habt euch aber auch lange genug in Dresden verweilt.

Oberster Rose.

Ich mußte wohl, wenn ich euch von dem Erfolg des neuen Friedensgeschäfts gewisse Nachricht mitbringen wollte.

Reichskanzler Oxenstiern.

Was sagt ihr? Der Handel mit Kursachsen schon wieder auf dem Plan?

Oberster Rose.

Und in voller Bewegung, wie ich nach Dresden kam. Man handelte auf dem Schlosse zu Pirna mit dem schlauen Questenberg mehrere Tage lang, ist des Handels jedoch nicht einig geworden, und hat sich vor der Hand und bis auf weitere Veranlassung wieder getrennt.

Reichskanzler Oxenstiern.

Verwünscht! Hinter meinem Rükken und ohne Mitwürkung der Union einseitig mit dem Feinde um Frieden zu handeln — O! das ist doch nicht fein, das ist vertragswidrig, bundbrüchig, fälschlich von den Gewalthabern am kursächsischen Hofe. Ich kann dazu nicht stillschweigen, und werd' ein ernstes derbes Wort darüber mit ihnen sprechen — Von den Verhandlungen selbst ist euch wohl wenig kund geworden?

Oberster Rose.

So viel als gar nichts, Herr Reichskanzler! Man trieb die Sache gar geheim, und es weiß in Dresden selbst, Georgs Oberhofprediger, als Unterhändler Questenbergs, und seine geheimen Räthe abgerechnet, gewiß zur Stunde noch kein Mensch darum, daß zwei Meilen davon Friedensunterhandlungen gepflogen worden sind.

Reichskanzler Oxenstiern.

Wie kamt ihr hinter den Handel?

Oberster Rose.

Das macht sich ja wohl mit Geld und guten Gaben. Die geheimsten Herren sind ja nicht selten auch die käuflichsten — und seit Moriz, dem Überlister des schlausten Kaisers, sucht man die schweigende Politik an jenem Hofe bis izt gewiß noch vergebens.

Herzog Bernhard.

Leider! — Für uns steht es dort also wohl nicht zum Besten, und von dorther haben wir von nun an wohl wenig Trost und Hülfe zu erwarten.

Oberster Rose.

So scheint es wohl, und es ist gar nicht unwahrscheinlich, daß der Handel bei erster bester Gelegenheit vollends zum Abschluß gebracht wird.

Reichskanzler Oxenstiern.

Schändlich! Sollte man wohl so pflichtvergessen —

Herzog Bernhard.

Ich verspreche mir wenig Gutes, wiewohl ich auch nicht das Schlechteste erwarte. — Spracht ihr mit Arnim? Wußt' er schon um den losen Handel?

Oberster Rose.

Ich sprach ihn in seinem Lager bei Plauen und erzählt' ihm mehr davon, als er selbst wußte. Er war unwillig darüber, und sonst auch äußerst unzufrieden.

Herzog Bernhard.

Wir haben doch nichts im Rükken zu befürchten?

Oberster Rose.

Das nicht, Herr Herzog! Der Rükken ist euch von ihm und noch stärker von Banner gedekt — und einer solchen Treulosigkeit ist Johann Georg wohl auch nicht fähig.

Vorige. Generaladjutant von der Grün.

Generaladjutant Grün.

Euer schnelles überraschendes Vordringen hat den Feind geschrekt. Ferdinand hat die Belagerung von Regenspurg aufgehoben —

Herzog Bernhard.

Vielleicht nur zum Schein. Sei's aber auch — wir folgen ihm auf dem Fuße. Das ganze Heer muß heute noch über die Schiffbrükke.

Generaladjutant Grün.

Es ist bemerkt worden, daß Ferdinand noch immer mit neuen Regimentern verstärkt wird —

Herzog Bernhard.

Er hat einen Hauptschlag im Sinn. Wir müssen uns ebenfalls verstärken. Wenn Horn und der Rheingraf zu rechter Zeit noch aus Schwaben hier eintreffen, so mag Ferdinand nur schlagen — es soll ihm dann gewiß jeder Schlag siebenfältig vergolten werden. — Sonst nichts vorgefallen?

Generaladjutant Grün.

Diesen Morgen ein scharfes Gefecht bei Abensberg, in welchem der Obrist Salaskowiz mit dreihundert Reitern gefangen worden ist.

Herzog Bernhard.

Salaskowiz? — Ein edler braver Mann und Soldat! Es soll ihm mit vorzüglicher Achtung begegnet, und er soll sogleich zur Generalstafel eingeladen werden.

Wien. Zimmer in der Burg.

Kaiser Ferdinand. Kardinal Fürst von Dietrichstein. Geheimer Rath Graf von Schlik.

Kardinal Dietrichstein.

Nun sag' und behaupte man noch immer, Kaiser Ferdinand sei ein zu strenger Richter und Rächer. Wie ich vernommen habe, so hat eure Großmuth und Gnade der Familie Wallenstein den Besizstand aller Güter des Majestätsverbrechers feierlich zugesichert und irgend eine Schmälerung und Beeinträchtigung desselben nicht zu gestatten verheißen.

Kaiser Ferdinand.

Das hab' ich auf unterthänigstes Ansuchen der Herzogin von Friedland allerdings gethan und hab' es zu thun für Pflicht gehalten. Das Weib und die Familie soll die Verbrechen des Mannes und Vaters nicht büßen, und vom Kaiser soll man nicht sagen, daß er den kläglichen Fall seines größten und reichsten Dieners so zum Vortheil sich zu machen nur fähig sei.

Kardinal Dietrichstein.

Das klingt wohl schön und löblich, und es ist auch fürwahr! recht edel und kaiserlich gedacht. Kaiserliche Majestät wolle jedoch bedenken, daß der Tod für solch einen Verbrecher eigentlich keine Strafe ist, und daß die richterliche Ahndung zum abschreckenden Beispiel für Andre auch auf die nächsten Erben des Gerichteten fortwürken sollte. Damit will ich nun wohl nicht sagen und behaupten, als hätte man die edle Familie Wallenstein all' ihrer Güter berauben, und sie der Dürftigkeit und der Schande blosstellen sollen — Gott behüte! Aber es hätte doch ein namhafter Theil von dem unermeßlichen Vermögen des Hochverräthers eingezogen werden sollen — um davon, wenn sich die kaiserliche Großmuth desselben entschlagen wollte, nicht nur an Kirchen und Klöster auszuspenden, sondern auch diejenigen, welche sich bei der Wallensteinischen Verschwörung durch Treue und Eifer ganz besonders ausgezeichnet, und dadurch sehr wesentlich um euch verdient gemacht haben, gerechtest davon zu belohnen.

Kaiser Ferdinand.

(bitter) Meint ihr? Eure Eminenz wird doch nicht etwa selbst —

Kardinal Dietrichstein.

Gott behüt' und bewahre mich vor solchem Eigennuz!

Kaiser Ferdinand.

So auch mich, Herr Kardinal! und ich will — ich will es mit Ernst und Nachdruk, daß von Wallensteins Nachlaß der unglüklichen Familie auch nicht das mindeste entzogen werden soll. Wehe dem, der sein Amt und meinen Namen zur Anordnung irgend etwas andern in der Sache mißbraucht! — Ihr habt doch die Seelmessen besorgt?

Kardinal Dietrichstein.

Wie ihr befohlen habt — dreitausend an der Zahl.

Kaiser Ferdinand.

Gut! — und weiter hat sich Eure Eminenz um Alles, was Wallenstein heißen mag, schlechterdings nicht mehr zu kümmern.

Kardinal Dietrichstein.

(für sich) Er hat wieder einmal seine lichten Augenblikke. (laut mit Ehrerbietung) Ich weiß ehrfurchtsvoll zu schweigen.

Kaiser Ferdinand.

(zum G. R. Schlik) Von der Donau sonst keine Nachrichten weiter?

Geh. Rath Schlik.

Nur wenige, gnädigster Herr! und auch diese sind noch sehr unbedeutend und dunkel. Gefechte, und zum Theil gar hizzige Gefechte mögen wohl täglich vorfallen. Dem Feinde scheint es gelungen zu seyn, die Besazzung von Regenspurg zu verstärken, und der König scheint sich mit der Hauptmacht gegen Böhmen heraufzuziehen —

Kaiser Ferdinand.

Scheint — scheint — was ist das? — (Ein Kammerherr überbringt ein Schreiben; der Kaiser erbricht es selbst) Von Ferdinand — Treflich! Er hat den schlauen Weimar durch seinen Rükzug getäuscht, und steht mit seiner ganzen Macht wieder vor Regenspurg. Es muß fallen, schreibt er mir: kost' es auch, was es wolle! — Brav — brav, wenn du Wort hältst und deinen ersten Feldzug so glorreich krönst.

Geh. Rath Schlik.

Er wird gewiß Wort halten — die

nächste Botschaft verkündet uns gewiß den glänzendsten Sieg.

Kaiser Ferdinand.

Das laßt uns hoffen. — Seht da noch eine Beilage. (giebt sie an Schlik ab) Sie wird wohl wenig Merkwürdiges enthalten.

Geh. Rath Schlik.

Das Tagebuch vom ersten bis vierzehnten Juli. (durchläuft es flüchtig) O! es enthält doch noch manche wichtige Nachricht.

Kaiser Ferdinand.

So laßt doch hören.

Geh. Rath Schlik.

Weimar hat seinen tapfern General Courville vor Regenspurg verloren; eine Kanonenkugel hat den Helden an Bernhards Seite zerschmettert —

Kardinal Dietrichstein.

War ein kezzerischer Hugenot. So müssen sie Alle zerschmettert werden, die sich wider Gott und seine heilige Kirche empören.

Geh. Rath Schlik.

Salaskowiz ist in feindliche Gefangenschaft gerathen. Horn ist dem Herzog von Weimar mit zehntausend Mann aus Oberschwaben zu Hülfe geeilt und hat sich ohnweit Augspurg mit ihm vereinigt —

Kaiser Ferdinand.

Sonach ist Weimars Macht fürwahr! nicht geringe.

Geh. Rath Schlik.

Gewiß an dreißigtausend Mann stark, und soll der Sage nach durch den Rheingrafen noch ansehnlich verstärkt werden. —

Das Tagebuch beschließt mit der Eroberung von Landshut —

Kaiser Ferdinand.

Landshut — wer hat es erobert?

Geh. Rath Schlik.

Bernhard und Horn mit stürmischer Faust. Sie haben gräßlich dort gewüthet und ein entsezliches Blutbad angerichtet. General Altringer ist mit funfzehnhundert braven Soldaten bei Vertheidigung der Veste elendiglich umgekommen.

Kaiser Ferdinand.

O Wehe! Wehe! Wir verlieren an ihm einen unsrer getreusten und tapfersten Generale —

Kardinal Dietrichstein.

Einen Helden des Glaubens. Aber Gott wird dort ihn belohnen, und hier sich als Richter und Rächer beweisen!

Feldlager bei Neustadt an der Donau. Herzogsgezelt.

Herzog Bernhard. Feldmarschall Graf von Horn. Hauptmann von Zieren.

Herzog Bernhard.

Also zu spät der Entsaz von Regenspurg.

Feldmarschall Horn.

Ein fataler Streich. Einen Tag hätte sich der Plaz doch wohl noch halten können?!

Hauptmann Zieren.

Keine Stunde, Herr Feldmarschall! Der tapfre Lars Kagge hat mit seinem Häuf-

U 2

lein Soldaten zur Behauptung der Veste Alles und Alles gethan, was menschliche Kräfte nur immer vermögen. Bedenkt nur selbst — hundert und funfzigtausend Kanonenschüsse auszuhalten und binnen zwölf Tagen vierhundert fünf und sechzig Ausfälle zu thun —

Feldmarschall Horn.

Es ist entsezlich — es ist fast unglaublich.

Herzog Bernhard.

Es ist wahr — der edle Schwede hat mit seinem Häuflein Wunder der Tapferkeit gethan und hätte ohne unsre frühere Dazwischenkunft nur durch ein höheres Wunder gerettet werden können. Regenspurg ist rühmlich gefallen; Ehre seinen braven Vertheidigern! — Aber was nun?

Feldmarschall Horn.

Wir müssen zurük und Augspurg wenigstens zu erhalten suchen —

Herzog Bernhard.

Oder nicht lieber mit unsrer ganzen Macht vorwärts, um dem Feinde Regenspurg wieder zu entreißen?

Vorige. Oberster von Rose.

Oberster Rose.

Hülfe für Nördlingen, Herr Herzog! Der Feind hat sich schnell dorthin geworfen, und die Stadt mit dreißigtausend Mannen eingeschlossen.

Herzog Bernhard.

Rasch und kek, wie ich vermerke. Nördlingen wird eine langwierige Belagerung nicht auszuhalten vermögen. Wir müssen der guten Stadt mit all' unsrer Macht zu Hülfe eilen —

Feldmarschall Horn.

Das müssen wir allerdings und dürfen sie schlechterdings nicht fallen lassen. Aber ohne eine entscheidende Schlacht werden wir diesmal nicht durchkommen.

Herzog Bernhard.

So sei sie gewagt. Es gelüstet mich ohnedies scharf und stehend, den jungen Habsburger auf dem dampfenden Tummelplaz ins Auge zu fassen.

Feldmarschall Horn.

Mich nicht minder, Freund! Aber der Feind ist uns nur noch immer um zwölftausend Helme wenigstens überlegen.

Herzog Bernhard.

Keine so gar große Überlegenheit. Wir wagen es doch mit ihm, wenn auch der Rheingraf immittelst nicht eintreffen sollte. General Kraz soll die Belagerung von Forchheim aufheben, und sich eiligst auf Bopfingen ziehen, und dem Rheingrafen soll zur Beschleunigung seines Marsches Botschaft entgegen geschikt werden.

Feldmarschall Horn.

Also zurük auf Augspurg und über die Donau —

Herzog Bernhard.

Heute noch! — Herr Oberster! ihr laßt die Zeichen zum Aufbruch geben.

Feldlager bei Nördlingen. Königsgezelt.

König Ferdinand. Kurfürst Maximilian.

König Ferdinand.

Der Schlüssel zu Baiern wäre dem stolzen Feinde nun glüklich entrissen, und binnen wenigen Tagen, hoff' ich, soll ihm wohl auch der Schlüssel zu Schwaben entrissen seyn. Es geht mir nur Alles zu zögernd und langsam. Nördlingen sollte schon gefallen seyn, ehe der Feind von Regenspurgs Eroberung schrekkende Botschaft erhalten hätte — und so sollte Schlag auf Schlag erfolgen.

Kurfürst Maximilian.

Das sagt sich wohl leicht und schnell, lieber Ferdinand —

König Ferdinand.

Und läßt sich auch bewerkstelligen, wenn man Kraft und Muth dazu, und die Hände frei hat.

Kurfürst Maximilian.

Im offnen Felde noch eher, als vor solchen Städten und Vesten.

König Ferdinand.

Auch da, Herr Kurfürst! wenn man nur kühn und kek fortarbeitet. Aber dieses ängstliche Lauren, dieses verständige Zaudern und Zögern, dieses ewige weise Planmachen —

Kurfürst Maximilian.

Bedenkt, daß ihr es mit einem überaus schlauen und scharfen, und dabei glüklichen Feinde zu schaffen habt.

König Ferdinand.

Glük gegen Glük — und sonst wird er uns nicht verschlingen. An der Spizze solcher Mannen und von solchen Helden umgeben, als ich zu befehligen die Ehre habe, wollt' ich dem Teufel wohl Truz bieten.

Vorige. Herzog Karl.

Herzog Karl.

Es giebt Lärm im Lager, Ferdinand! und von Aahlen her donnert's erschütternd. Die Schweden rükken mit Macht heran —

König Ferdinand.

Laßt sie nur kommen — wir wollen sie ehrsam begrüßen.

Herzog Karl.

Ich werde dabei der Lezte nicht seyn. Aber es wird scharf und schreklich hergehen vermuth' ich — Weimar führt die Vereinigten diesmal selbst an, Horn, Nassau, Erlach, Tupadel und Rose sind ihm zur Seite.

Kurfürst Maximilian.

Insgesamt berühmte und gefürchtete Männer —

König Ferdinand.

Mir sehr erfreulich! so lernen wir einander vielleicht von Angesicht zu Angesicht kennen.

Vorige. Feldmarschall Graf von Gallas.

Feldmarschall Gallas.

Hinaus und dem Feind entgegen, Herr König! Er drängt von allen Seiten mit Macht auf uns ein, und scheint es auf eine Hauptschlacht anzulegen.

König Ferdinand.

Mein Wunsch — meine heiße glühende Begierde, daß wir uns messen, Mann gegen Mann.

Feldmarschall Gallas.

Königlicher Heldenmuth! Du wirst dich zu bewähren Gelegenheit finden. — Aber es ist keine Zeit zu versäumen. Weimar hat uns bei Aalen schon tausend Mann aufgerieben, und dann wieder zwischen Flachberg und Wallerstein einige Heerhaufen geschlagen und geflüchtiget —

König Ferdinand.

Uns soll er wohl nicht schlagen und flüchtigen, so wahr ich ein Habsburger bin! — Wir rükken ihm vor Nacht noch entgegen. Aber das Lager bleibt und die Belagerung wird fortgesezt.

Feldmarschall Gallas.

Zum Schein wenigstens, bis es entschieden ist zwischen Ferdinand und Bernhard.

Kurfürst Maximilian.

Wenn anders noch Weimar auf eine solche Schlacht sich einläßt.

König Ferdinand.

Er muß, und ich werd' ihn schon zu zwingen wissen!

Wald vor Nördlingen.

Alle Generale zum Kriegsrath versammelt. Herzog Bernhard. Feldmarschall Graf von Horn. die Generale Torstenson, Thurn und Tupadel, Kraz und Mehrere.

Herzog Bernhard.

General Kraz ist mit viertausend Mannen von Forchheim eingetroffen, wie ihr seht, die Noth der Belagerten hat eine fürchterliche Höhe bereits erreicht und wächst mit jeder Stunde, wie ihr gehört habt. Was soll nun geschehen?

Feldmarschall Horn.

Ferdinand hat immittelst eine Verstärkung von funfzehntausend Spaniern erhalten, und wir sehen noch immer der Ankunft des Rheingrafen vergebens entgegen. Bevor dieser mit seinen sechstausend Mannen nicht wohlbehalten zu uns gestoßen ist, kann ich von meiner im gestrigen Kriegsrath eröffneten Meinung nicht abgehen, und schlechterdings nicht zur Schlacht rathen.

Herzog Bernhard.

Eine Schlacht unter den gegenwärtigen Umständen ist für uns ein großes Wagstük — Das gesteh' ich euch gern zu, edler Kriegskammerad! Wir zählen kaum dreißigtausend, der Feind zählt zwischen funfzig und sechzigtausend Streiter. Abgerechnet jedoch, daß man im Kriege immer etwas und öfter auch viel wagen muß, so hat uns das Glük zeither bei unsern kühnsten Unternehmungen gewöhnlich am meisten begünstiget. Durch unser rasches gewaltiges Herandringen haben wir die Schlacht gewissermaßen schon angeboten. Weichen wir izt ihr aus, so verrathen wir Muthlosigkeit und Schwäche und beschleunigen dadurch das Verderben der Stadt. Durch Regenspurgs Fall ist der protestantische Bund schreklich genug schon erschüttert worden. Geht nun auch Nördlingen verloren, unter unsern Augen verloren: so ist es um den Stolz und um den hohen Ruhm der schwedischen Waffen geschehen — so lassen die evangelischen Stände den Muth vollends ganz sinken — so hört alle Unterstüzzung und aller Widerstand auf, und das protestantische Teutschland fällt der Willkühr und Rache der Liga jämmerlich zur Beute. Ich kann es daher nicht billigen und gut heißen, wenn man das hart bedrängte und aufs äußerste gebrachte Nördlingen nur noch einen Tag seinem Schiksal überlassen, und den Entsaz auf die noch sehr ungewisse Ankunft des Rheingrafen hinausschieben will, und rathe zur Schlacht.

Feldmarschall Horn.

Ich nicht, so rasch und freudig ich sonst beistimme. Das Wagstük ist zu kek und zu toll, und es ist fast gar keine Wahrscheinlichkeit, daß es uns diesmal gelingen werde. Der Feind ist uns an Macht allzu sehr überlegen. Die Gegenwart des Königs von Ungarn, des Herzogs von Lothringen, des Kurfürsten von Baiern und der berühmte sten Generale der Liga wird und muß alles beitragen, daß jeder Soldat für seine Person sich tapfer und brav hält, sich auszuzeichnen und zum Helden emporzukämpfen sucht — und so kann es gar leicht geschehen, daß wir unterliegen müssen und in dem Augenblikke, da wir Alles zu erhalten hoffen, Alles und Alles verlieren. Denn wenn diese Schlacht verloren geht und dieses Heer vernichtet wird: so haben wir kein Heer mehr, und es ist Alles und Alles ohne Rettung für uns verloren. Laßt uns daher nur zwei Tage noch warten. Binnen dieser Zeit muß der Rheingraf zu uns stoßen, und so lange muß Nördlingen sich noch halten können.

Herzog Bernhard.

Wer bürgt uns dafür? Beides kann

vielleicht nicht geschehen. Der Rheingraf kann aufgehalten, geschlagen, aufgerieben werden. Nördlingen kann immittelst fallen. — Was dann?

Feldmarschall Horn.

Was und wie Gott will!

Herzog Bernhard.

So sag' ich izt auch: was und wie Gott will! und rathe nochmals zur Schlacht. Was sagen die übrigen Herrn Generale und Obersten dazu?

General Torstenson.

Wenn zwei gleich muthige und unerschrokne Feldherren aus gleich wichtigen Gründen so ganz getheilter Meinung sind, als ein Bernhard und Horn: so ist es wahrlich! schwer für den dritten Mann, seine eigne Meinung ohne Partheilichkeit zu äu-

X 2

tern. Hier haben Beide Recht. Aber ich bin für's rasche Zuschlagen und rathe daher zur Schlacht.

General Thurn.

Was heute die Schlacht bedenklich macht, das findet auch morgen und sogar nach des Rheingrafen Ankunft noch Statt. Wenn also geschlagen werden soll, wie denn zu Nördlingens Rettung schlechterdings geschlagen werden muß — so lieber heute als Morgen —

General Tupadel.

Heute — heute — das war das rechte Wort, alter Matthias! Also heute noch zur Schlacht —

General Kraz.

Um Gotteswillen nicht heute — nicht heute! Der Rheingraf muß schlechterdings erst erwartet und auch seine Meinung im Kriegsrath erst gehört werden —

Herzog Bernhard.

Feiger! auch dann noch Kriegsrath? Wie oft will man sich berathen? und wenn will man erst handeln? — (Man hört Nothschüsse aus Nördlingen) Hört — hört! Die Nördlinger rufen ängstlich nach Hülfe! — (zieht seinen Degen) Wir müssen schlagen —

Soldaten.

(schlagen ihre Waffen zusammen und rufen freudig) Ja, schlagen — schlagen — schlagen —

Herzog Bernhard.

Der Soldat entscheidet. Wir müssen schlagen! Die Bedrängten rufen — die Pflicht gebent — das Glük zeigt uns den Weg —

Feldmarschall Horn.

Ich bin überstimmt. Es sei also Schlacht — große, blutige, schrecklich-entscheidende Schlacht!

Herzog Bernhard.

Sie beginne diese Nacht noch. Ich nehme den linken, ihr führt den rechten Flügel. — Gott mit uns!

Alle.

Gott mit uns — Gott mit uns — Sieg oder Tod!

Schlacht bei Nördlingen. Den 27sten August.

(Mitteltreffen der Kaiserlichen.)

König Ferdinand. Kurfürst Maximilian.

Generale und Adjutanten ab und zu.

König Ferdinand.

Der ganze Arensberg steht im Feuer — Horn hat zum achten Mal angesezt — der Streit ist wüthender, als vorher.

Kurfürst Maximilian.

Ein gräßliches Schauspiel! Die Schweden kämpfen mit Tigerwuth, und zerreißen, was sie pakken können. — O wie gut und weißlich, daß Gallas den Arensberg gestern Abend noch besezzen und bevestigen ließ.

König Ferdinand.

Allerdings! Sie stürmen und wüthen vergebens. Hier müssen sie sich ihre ehernen Schädel zerschellen.

Kurfürst Maximilian.

Im Blachfelde hätten wir es härter mit ihnen — Schrekliche Menschen! Der Berg ist erstürmt. Es blizt und donnert auf unsre Regimenter herab.

König Ferdinand.

Die Spanier sollen hinauf — sechs Regimenter Musketirer hinauf! Und wenn diese noch nicht Plaz greifen und den Berg behaupten — noch sechs Regimenter, und immer frische Soldaten nach, bis die Teufel geworfen sind! (Adjutanten sprengen fort) Schimpf und unauslöschliche Schande, wenn wir hier weichen und unterliegen sollten! — Ich könnte verzweifeln und Protestant werden, wenn es uns hier nicht gelänge, den Sieg zu fesseln.

Kurfürst Maximilian.

Hilf Gott und die heilige Jungfrau! Der Mordkampf wird immer wüthender und gräßlicher — Die Rasenden überschreien den Donner des Geschüzzes — es wird, es muß bald und augenbliklich endschieden werden.

König Ferdinand.

Ha es ist — es ist! Seht ihr nicht oben die Spanier durch die zerrissenen Dampfwolken, und die Schweden herabstürzen in wilder Verwirrung?

Generaladj. Gr. v. Harrach.

(kommt) Der Arensberg ist wieder gewonnen. Aber Horn stürmt noch einmal mit frischen Regimentern heran. Die Spanier bedürfen Verstärkung.

König Ferdinand.

Also doch noch nicht entschieden? — Die ganze Spanische Rüstung auf den Berg — (Harrach ab)

Generaladj. Gr. v. Hazfeld.

Die Reiterei des feindlichen linken Flügels ist auf der Flucht. General Werth mußte dreimal ansezzen, bevor er den Feind zum Weichen brachte. Lothringen und Weimar stießen im Getümmel persönlich auf einander. Bernhard ergrif eine Estandarte; aber der tapfre Karl entriß sie dem Helden, und brachte dadurch Schrekken und Verwirrung unter die feindlichen Schaaren. Sie sprengten aus einander und flohen —

König Ferdinand.

Nach — nach zur Vollendung des Sieges!

(Linker Flügel der Schweden)

Herzog Bernhard sammlet und ordnet die Reiterei vor dem Walde wieder. Generale und Adjutanten um ihn herum.

Herzog Bernhard.

Es ist noch Nichts verloren, Kameraden!. Diese Scharte muß straks wieder ausgewezt werden. Behauptet euren alten glänzenden Waffenruhm und folgt mir. Vorwärts und wakker gegen den Feind!

Adjutant von Zieren.

(kommt) Hülfe — Hülfe dem rechten

Flügel! Der Feldmarschall ist abermals geworfen worden.

Herzog Bernhard.

Gerechter Gott! soll es uns denn heute schlechterdings nicht gelingen? soll Horns Warnung — — Nein! nein! sie darf sich nicht bewähren. Laßt den Muth nicht sinken. Die Sonne steht noch hoch am Himmel. Der Sieg muß uns noch werden. — Graf Thurn soll mit dem gelben Regimente stürmen, und die Schotten sollen ihm nachrükken. — Mir nach, Kameraden! Ihr seht mich fortan an der Spizze.

(Rechter Flügel der Schweden.)

Feldmarschall Horn.

Es ist unmöglich — die Überlegenheit des Feindes ist zu groß — das Glük kehrt uns heute den Rükken. Nachricht dem Herzog, daß es izt noch Zeit sei einen vortheilhaften Rükzug zu bewerkstelligen.

Oberster Rose.

Noch nicht — wir erhalten Verstärkung. Das gelbe Regiment stürzt sich ins Feuer.

Feldmarschall Horn.

Also in Gottes Namen noch einmal! (kommandirt Sturm auf die Verschanzungen.)

(Mittelpunkt der Kaiserlichen.)

König Ferdinand. Pater Chiroga. Generale und Adjutanten.

König Ferdinand.

Nun gilt's, Soldaten! Der Feind zieht

seine ganze Macht zusammen — der Streit wälzt sich uns näher —

Pater Chiroga.

Haltet euch wakker, Soldaten der Religion! Ihr kämpft für die Ehre Gottes und für den Glauben der Kirche, um den Preis eurer Seligkeit. Steht, kämpft und ermüdet nicht! Maximilian führt seine Baiern, Karl seine Lothringer, der Infant seine Spanier, der König von Ungarn das ganze Heer der Liga in Person an — sie sind Zeugen eurer Thaten und eures Heldenruhms, und die heilige Jungfrau umschwebt euch unsichtbar und stärkt euch zur gewissen Erkämpfung des Sieges. Fluch und Verderben über die gottlose Rotte unsrer verworfnen Widersacher! Segen und ewige

Seligkeit den frommen Verfechtern Gottes und seiner Gläubigen!

Generaladjutant Harrach.

(kommt) Es ist wilde Verwirrung eingerissen unter den Feinden. Ihr linker Flügel hat sich auf den rechten geworfen — Bernhard und Horn kämpfen und arbeiten vergebens, die Regimenter wieder in Schlachtordnung zu bringen — der Soldat hört und gehorcht nicht mehr, der Muth ist ihm gesunken, die Kraft geschwunden —

Generaladjutant Hazfeld.

(kommt) Der Feind ist umzingelt — er will sich zurükziehen und flüchten, und findet keinen Ausweg mehr — die Verwirrung ist entsezlich, das Gemezzel gräßlich — Alles weissaget königlicher Majestät einen vollkommnen glänzenden Sieg —

Feldmarschall Gallas.

(kommt) Heil und unsterblicher Ruhm dem König Ferdinand, dem Sieger von Nördlingen. Der Sieg ist unser, der Feind auf der Flucht —

König Ferdinand.

Gelobt sei Gott und die heilige Jungfrau!

Pater Chiroga.

Triumf — Triumf der Kirche Gottes und der heiligen Liga!

Feldmarschall Gallas.

Der Feldmarschall Horn hat sich dem tapfern Werth zum Gefangnen ergeben —

Pater Chiroga.

Triumf — Triumf! Der grimmigsten Teufel Einer in unsrer Gewalt.

Feldmarschall Gallas.

General Kraz ist von einem gemeinen Husaren ergriffen worden —

König Ferdinand.

Der Überläufer! Man soll ihm den Kopf abschlagen. Aber Weimar — wo ist Weimar?

Feldmarschall Gallas.

Auf der Flucht, und verfolgt von den Kroaten. Wahrscheinlich werden sie ihn auch noch fangen —

König Ferdinand.

Das wolle Gott! Ich möcht' es dem stolzen Fürstlein doch gern fühlen lassen, daß ich Sieger, und seiner nun Herr und Meister bin.

Öttingen. Zimmer im Schlosse.

Reichskanzler Graf von Oxenstiern. Gesandschaftsrath von Mokel. (sizzen an zwei Arbeitstischen.)

Gesandschaftsrath Mokel.

Soll die Depesche geschlossen werden? oder hat Eure Excellenz noch etwas zu erinnern?

Reichskanzler Oxenstiern.

(zerstreut) Nichts — gar nichts mehr. — Es ist gut so, lieber Mokel!

Gesandschaftsrath Mokel.

So bitte ich zu unterschreiben. (legt ihm die Depesche auf den Tisch)

Reichskanzler Oxenstiern.

Was denn? was wollt ihr denn? Es ist ja noch nicht — (unruhig) Oder wär es schon — wäre das Schiksal dieses Tages schon entschieden — vielleicht zum Unglük für uns schon entschieden?

Gesandschaftsrath Mokel.

Daß Gott nicht wolle!

Reichskanzler Oxenstiern.

Ich bin heute so unruhig, so ängstlich — ich bin es beinahe noch mehr, als am Todestage unsers Königs. — Ich halte sonst wenig auf Ahnungen, aber heute — heute — (springt auf und geht stark auf und ab) Es ängstet mich schreklich — ich weiß mich kaum zu lassen und zu fassen. O! nur Gewißheit — baldige volle Gewißheit! — Hört ihr's nicht mehr donnern von Nördlingen her?

Y 2

Gesandschaftsrath Mokel.

Schon lange nicht mehr. Aber auf den Straßen bemerk' ich ein ängstliches Laufen und Sprechen —

Reichskanzler Oxenstiern.

(ans Fenster) Ja bei Gott! es ist so — es ist gewiß unglüklich — da seht: flüchtige Schweden über den Plaz —

Gesandschaftsrath Mokel.

Izt ein ganzer Schwall Reiter — Rose mit verhängtem Zügel —

Reichskanzler Oxenstiern.

Er ist's — er sprengt ins Schloß — Gewißheit in diesem Augenblik, aber welche? — Er kommt rasch und stürmisch — ich muß mich zu fassen suchen.

Vorige. Oberster von Rose.

Oberster Rose.

Herr Reichskanzler!

Reichskanzler Oxenstiern.

Die Schlacht ist verloren —

Oberster Rose.

Sie ist's —

Reichskanzler Oxenstiern.

Schreklich! Meine Ahnungen —

Oberster Rose.

Schreklicher, als ihr es euch vorzustellen vermögt.

Reichskanzler Oxenstiern.

So will ich's hören von euch — das ganze Unglük des Tages mit Einem Worte. Ist unsre Rüstung ganz vernichtet?

Oberster Rose.

Nicht ganz, aber doch zum größern

Theil. Sechs- bis achttausend tapfre Männer tod auf dem Wahlplazze, der Überrest des Heeres weit zerstreut auf der Flucht — all' unsre Fahnen und Estandarten, unser ganzes Geschüz, unser ganzes Gepäk mit viertausend Wagen eine Beute der Sieger — Feldmarschall Horn mit einigen Tausenden gefangen —

Reichskanzler Oxenstiern.

Schreklich — schreklich! und euer Herzog —

Oberster Rose.

Mit genauer Noth noch glüklich entronnen. Sein Roß ward ihm auf der Flucht erschossen. Hätte der edle Tupadel ihm nicht in Eile sein eignes Roß gegeben, so wär' auch Bernhard izt tod oder lebendig in Feindes Hand.

Reichskanzler Oxenstiern.

Unglük über Unglük! Wie wird der königliche Jüngling stolziren?! wie werden die Ligisten nun frohlokken?! was werden unsre furchtsamen und zweideutigen Freunde — — Aber wie um Gotteswillen! geschah es denn —

Oberster Rose.

Darüber befragt das Schiksal, Herr Reichskanzler! Wir haben keine Schuld an dem gräßlichen Unglük dieses Tages; Bernhard und Horn und das ganze Heer der Tapfern hat mit Löwenmuth gefochten. — Es ist jedoch izt keine Zeit, euch den furchtbaren Gang des heutigen Trauerspiels zu entwikkeln. Wir sind hier nicht sicher —

Reichskanzler Oxenstiern.

Nicht? Muß auch der Reichskanzler noch auf die Flucht?

Oberster Rose.

So gut, wie der Held von Weimar. Das Schiksal gebeut —

Reichskanzler Oxenstiern.

Furchtbar und unerbittlich. (gefaßt und mannhaft) Wir müssen uns unterwerfen, darum aber doch den Muth nicht ganz sinken lassen, sondern vielmehr der Schadenfreude mit männlicher Würde begegnen. — Ihr geleitet mich zum Herzog.

Wien. Zimmer in der Burg.

Kaiser Ferdinand. Kardinal Fürst von Dietrichstein. Geheimer Rath Graf von Schlik.

Geh. Rath Schlik. (eintretend)

Laßt noch einmal Viktoria donnern, gnädigster Herr! Der Sieg bei Nördlingen hat die Stadt zur Übergabe gezwungen — sie hat sich dem König auf Gnade und Ungnade ergeben.

Kaiser Ferdinand.

Gott sei gelobt und schenke meinem Ferdinand noch mehrere solche schöne Tage!

Kardinal Dietrichstein.

Der Allmächtige wird diese fromme Bitte erhören, und den Namen dieses Feldherrn so sehr verherrlichen, als er den Namen seines gottlosen Vorgängers mit ewiger Schande gebrandmarkt hat. Er wandle nur ferner vor Gott und sei fromm, und bediene sich seiner Siegesgewalt zur Ausrottung der neuen Lehre, und zur Vertilgung Aller, die sie mit Wort und That annehmen und vertheidigen.

Kaiser Ferdinand.

Diese Lehre wird sich mit ihren Bekennern wohl von selbst verlieren, wenn uns der Allmächtige zur Verjagung der Schweden noch fürder beisteht —

Kardinal Dietrichstein.

Dadurch allein noch nicht, Herr Kaiser!

Das Unkraut hat schon zu üppig gewuchert, und zu tief gewurzelt, darum muß es ausgerottet werden mit Feuer und Schwerdt, und es darf schlechterdings nicht geduldet, und den Evangelischen darf auch nicht einmal die bürgerliche Freiheit im heiligen römischen Reiche gestattet werden, wenn sich die Kirche Gottes zu ihrer ursprünglichen Würde und Macht wieder erheben soll. In dieser Rüksicht bin ich mit dem Friedenstraktat, den ihr mit Kursachsen abzuschließen im Begrif seid, recht herzlich unzufrieden und wünschte wohl, daß er in einigen und andern, das Religionswesen betreffenden Punkten abgeändert und schärfer gefaßt werden möchte. Izt wär' es noch Zeit dazu —

Kaiser Ferdinand.

Izt nicht mehr, Herr Kardinal! Ich

habe mein Wort und habe Vollmacht zur Abschließung des Friedens auf die gegenseitig verhandelten und bewilligten Punkte gegeben, und kann nun nicht wieder zurük —

Kardinal Dietrichstein.

Ihr habt doch die Gewalt —

Kaiser Ferdinand.

Soll ich sie mißbrauchen in Unehre?

Kardinal Dietrichstein.

Was man zur Ehre Gottes thut, das kann nicht in Unehre bringen.

Kaiser Ferdinand.

Sollte dem Wahrhaftigen Wortbrüchigkeit gefallen? Nein, Eminenz! das kann nicht seyn, und ich kann mein theures Kaiserwort nicht wieder zurüknehmen. Wird der Traktat auf die verglichnen Punkte von den Bevollmächtigten zu Prag diesmal rein abgeschlossen, so wird er auch unterzeichnet von mir ohne Widerrede. Dabei bleibt's, und über den Friedenschluß selbst soll meiner Seits mit aller Gewissenhaftigkeit und Strenge gehalten werden.

Dresden. Zimmer im Schlosse.

Kurfürst Johann Georg. Doktor Horn.

Kurfürst Johann Georg.

Wie froh ich bin, daß ich der Stimme der Klugheit in Zeiten noch Gehör gegeben habe! Nun wär' es gewiß zu spät — nun wäre für mich und für alle unsre Glaubensgenossen gewiß kein so überaus vortheilhafter Friede zu erlangen. Das dank' ich nächst Gott euch, und euch ganz vorzüglich, hochwürdiger Herr! Ihr habt euch durch euren reinen Eifer für die Sache um uns, und um unser geliebtes Sachsen, und um das ganze protestantische Teutschland ganz ungemein verdient gemacht.

Doktor Horn.

Ich fühle mich unaussprechlich von euch geehrt und beglükt, gnädiger Herr Kurfürst! und danke Gott mit herzlicher Freudigkeit, daß er mich zum Werkzeug seiner Barmherzigkeit gemacht hat. Zwar wird ein großer Theil eurer zeitherigen Bundesgenossen, und es wird der Schwede vornehmlich ob dieses Friedens gewaltig ergrimmen, und die Urheber desselben als Bundbrüchige und Verräther in den Abgrund der Hölle verwünschen; aber eure kurfürstliche Gnaden wird solcher Tollheit nicht achten, und sich vielmehr eifrigst bestreben, auch die übrigen evangelischen Stände zur Annahme dieser beglükkenden Wohlthat zu vermögen.

Kurfürst Johann Georg.

An Vorstellungen und Ermahnungen will ich es meines Orts fürwahr! nicht fehlen lassen, und ich hoffe, daß meine Bemühungen nicht fruchtlos seyn werden. Wenn nur der hochwichtige Handel noch glüklich zu Stande kommt! wenn er durch die Ränke der geistlichen Herren in Wien nur nicht wieder rükgängig gemacht wird!

Doktor Horn.

Nicht zu befürchten, gnädiger Herr! Kaiser Ferdinand ist zu sehr ehrlicher Mann, als daß ihm sein gegebnes Wort nicht theuer und heilig seyn sollte; er wird heute nicht wieder unehrlich zurüknehmen, was er euch gestern großmüthig entgegen geboten und feierlich verheißen hat — und dahin bringt ihn kein schlauer Priester und kein vermögender Gewissensrath, so groß sonst auch immer sein Einfluß auf Ferdinands Religiosität seyn mag.

Kurfürst Johann Georg.

Das hoff' ich wohl auch, wiewohl sich die Umstände seit unsern lezten geheimen Verhandlungen in Leutmeriz zum Vortheil des Kaisers und der Liga gar mächtig geändert haben. Hätten wir damals und vor der Nördlinger Schlacht noch abgeschlossen —

Vorige. Geheimer Rath von Miltiz.

Geh. Rath Miltiz.

Aus Schwaben und Franken sind abermals traurige Nachrichten eingelaufen.

Die Schlacht bei Nördlingen wüthet noch fort in ihren verderblichen Folgen; Ferdinand benuzt seinen Sieg zur gänzlichen Vernichtung der Union. Er rastet in Stuttgard und schreibt den hülflosen Ständen von dortaus harte Gesezze vor. Öttingen, Baireuth, und Anspach empfinden izt die scharfe Geißel der Ligisten. Augspurg ist von den Baiern belagert. Alle zwischen der Donau und dem Main liegende Herrschaften und Städte haben sich unterwerfen müssen. Piccolomini wüthet in Franken und hat sich von Rothenburg, Schweinfurt und Würzburg schon Meister gemacht — das ganze Herzogthum ist dem Helden von Weimar entrissen — .

Kurfürst Johann Georg.

Schreklich! Ich bedaure meinen wakkern

Vetter. Es war aber vorauszusehen, daß es mit dieser seiner herzoglichen Herrlichkeit nicht lange Bestand haben würde. Wo mag der Unglükliche sich izt verborgen halten?

Geh. Rath Miltiz.

Er steht im offnen Felde bei Frankfurt am Main und sammelt die Trümmer seiner zerbrochnen Heeresmacht.

Doktor Horn.

Wird so gar viel nicht zu sammeln haben, der gute Herr! und wird wohl auch nicht lange mehr das Feld halten können.

Geh. Rath Miltiz.

Das steht dahin. Ein Mann wie Bernhard kann erschüttert und geworfen, aber im Leben so leicht nicht zur Verzagtheit und Unterwerfung gebracht werden.

Kurfürst Johann Georg.

So mag er stehen bleiben, wakker und unverzagt. Unser Vetter hat wenig oder nichts zu verlieren, darum kann er wohl truzzen. Was uns betrift, so wollen wir Gott danken, wenn wir der verderblichen Kriegeswuth uns entziehen, und ein stilles und löbliches Regiment führen können im Frieden. — (Viele Trompeten) Ha sie kommen — sie kommen mit Trompetenschall und Jubelgeschrei — sie verkünden den Frieden.

Doktor Horn.

Der Name des Herrn sei gelobt von Ewigkeit zu Ewigkeit — er ist geschlossen.

Geh. Rath Miltiz.

Gebe Gott, daß er euch und euren lieden Unterthanen und dem ganzen protestantischen Teutschland zum Segen gereichen möge.

Doktor Horn.

Das wird und das muß er wohl, dieser schöne preisliche Friede —

Vorige. Geheimer Rath von Schönberg.

Kurfürst Johann Georg.

Ist Friede — Friede?

Geh. Rath Schönberg.

Es ist, gnädiger Herr Kurfürst! Hier das Instrument zur Unterzeichnung. (überreicht es)

Kurfürst Johann Georg.

Und Alles — Alles bewilliget, was uns vor der Nördlinger Schlacht schon verheißen worden war?

Geh. Rath Schönberg.

Alles und Alles, gnädiger Herr! Der großmüthige Ferdinand hat keinen Buchstaben davon und dazu gethan, und hat von seiner gegenwärtigen großen Überlegenheit auch nicht den mindesten Gebrauch gemacht.

Kurfürst Johann Georg.

(das Instrument durchlesend) Wahr — wahr. Gott sei gelobt! (er unterzeichnet das Instrument und giebt es an Schönberg zurük) Euer braver Sohn soll es dem Kaiser nach Wien überbringen.

Geh. Rath Schönberg.

Dank für diese ausgezeichnete Ehre!

Kurfürst Johann Georg.

Ich bin euch diese und noch unendlich mehr schuldig. — (Feldmarschall Arnim wird gemeldet) Er ist willkommen.

Vorige. Feldmarschall von Arnim.

Kurfürst Johann Georg.

Freut euch mit uns und allen guten Patrioten, Herr Feldmarschall! Es ist Friede — Friede —

Feldmarschall Arnim.

So hör' ich eben und komme, eure kurfürstliche Gnaden dazu Glük zu wünschen, und um meine Entlassung unterthänig zu bitten.

Kurfürst Johann Georg.

Was? Warum? — Es ist Friede mit dem Kaiser, darum aber noch nicht allgemeiner Friede.

Feldmarschall Arnim.

Das weiß ich, gnädiger Herr! Aber

meine Verpflichtung hat aufgehört. Ich habe mich euch zu treuen Diensten gegen den Kaiser und die Liga als guter Protestant für die evangelische Freiheit verpflichtet, und will gegen irgend einen andern Feind und für eine andere Sache nicht fechten.

Kurfürst Johann Georg.

Sonderbar! Habt ihr euch mir nicht unbedingt verpflichtet?

Feldmarschall Arnim.

Nicht sowohl euch, gnädiger Herr! als vielmehr der Sache. Um diese Sache wird von Stund' an von euch nicht mehr gefochten, folglich bin ich euch überflüssig und vielleicht sogar lästig — darum bitt' ich um gnädige Entlassung.

Kurfürst Johann Georg.

Ich gestehe sie euch ungern zu, lieber

Arnim! Es scheint, als ob ihr mit dieser Einigung unzufrieden seyn wolltet.

Feldmarschall Arnim.

Es steht mir kein Urtheil darüber zu. Möge dieser Friede von Dauer seyn und euch und eurem Lande den reichsten Segensgenuß gewähren! Dies wünsch' ich von Herzen und wiederhole meine vorige Bitte aufs dringendste.

Kurfürst Johann Georg.

Abschlagen kann ich sie euch nicht — darum sei sie euch gewährt. Würdet ihr aber unter andern Umständen wohl fähig seyn, gegen mich und meine Verbündeten zu fechten?

Feldmarschall Arnim.

Ich werde mich auf mein väterliches

Erbgut in der Ukermark zurük ziehen, um dort mir selbst und der Ruhe zu leben.

Kurfürst Johann Georg.

So ziehet hin in Frieden und seid meiner fortdauernden Achtung versichert.

Stuttgard. Zimmer im Schlosse.

König Ferdinand. Feldmarschall Graf von Gallas.

König Ferdinand.

Unser Werk ist für dieses Jahr vollbracht. Ich glaube daher, den Feldzug ohne Gefahr beschliessen und mich von der Armee entfernen zu können. Ihr bleibt jedoch zur Beobachtung des Feindes zurük und laßt ihn nicht wieder emporkommen —

Feldmarschall Gallas.

Es wird keine Noth haben. Hat doch

Weimar izt kaum noch eine Leibwache, und kaum so viel in Vermögen, daß er seinen eignen kleinen Bedürfnissen mit Anstand abhelfen mag. Wie sollt' es ihm überhaupt und in dieser rauhern Jahreszeit vornehmlich möglich seyn, seine Kräfte in so weit wieder zu stärken, daß er auch nur das mindeste gegen uns unternehmen könnte?

König Ferdinand.

Und doch, wenn der Feind seine noch hin und wieder in Teutschland zerstreuten Heerhaufen auf einen Punkt zusammen zöge —

Feldmarschall Gallas.

Das wagt er nicht, weil wir uns ihm von allen Seiten mit überlegner Macht entgegen werfen können. Der Muth ist dem Schweden gebrochen und seine kriegerische

Herrlichkeit hat ein Ende genommen mit Schrekken. Was Wallenstein binnen drei Jahren und zuweilen mit aller Anstrengung seiner gewaltigen Kräfte nicht hat zu Stande bringen können, das hat unter eurer Leitung der glorreiche Tag von Nördlingen zum Schrekken der ganzen Union entscheidend vollbracht. Ein solcher erschütternder zermalmender Schlag hat in dem ganzen Laufe dieses mörderischen Kriegs noch kein Heer getroffen. Von diesem Schlage erholt sich Schweden mit seinen Verbündeten nie — nie wieder —

Vorige. Geheimer Rath Graf von Trautmannsdorf.

Graf Trautmannsdorf.

Laßt Viktoria schießen, Herr König!

Der Friede zwischen dem Kaiser und dem Kurfürsten von Sachsen ist geschlossen —

König Ferdinand.

Der Todesstoß für Schweden und alle evangelischen Stände!

Geh. Rath Trautmannsdorf.

Das ist dieser Friede — er läutet das gestürzte Ungeheuer der Union fürchterlich-schön zu Grabe.

Frankfurt am Main. Zimmer im Römer.

Herzog Bernhard. Reichskanzler Graf von Oxenstiern.

Herzog Bernhard.

Unser wechselseitiges Klagen und Beklagen frommt doch zu nichts, Herr Reichskanzler! Laßt uns vielmehr auf die zwekmäßigsten Mittel zu unsrer Rettung bedacht seyn und dann dem übermüthigen Sieger zeigen, daß wir ihm auch in unserm höchsten Unglük noch Truz bieten können.

Reichskanzler Oxenstiern.

Gegen den Freund hab' ich mein bekümmertes tief gebeugtes Herz sprechen lassen, und so sehr euren persönlichen als unsern allgemeinen Verlust bedauert; aber gegen den Feind werd' ich einen unerschütterlichen Gleichmuth und ein vestes Beharren in meinen Grundsäzzen und Arbeiten zu behaupten wissen. Der schrekliche Tag von Nördlingen hat uns auf einige Zeit zu Gewalthabern ohne Macht und Ansehen, und euch zum armen Mann gemacht —

Herzog Bernhard.

Das leztere ist der Erwähnung kaum werth. Wenn ich von meiner ganzen Habe irgend etwas ungern verloren habe, so ist es das goldne Schmukkästlein mit den Bildnissen unsers Adolfs und seiner großen

Tochter, das ihr mir im Namen der Königin erst kürzlich habt verehren lassen. Das Übrige — was ist es gegen den unermeßlichen und unersezlichen Verlust, den wir an jenem unglüklichen Tag' erlitten haben? Und dennoch dürfen wir auch deswegen den Muth nicht sinken lassen, und die Hände nicht müßig in den Schooß legen —

Reichskanzler Oxenstiern.

Was gewiß auch nicht geschehen soll, edler Bernhard! Meine Maasregeln sind bereits genommen. Da die Nothwendigkeit so unerbittlich strenge gebietet, so müssen wir den Foderungen Frankreichs nachgeben und die thätigere Unterstüzzung dieser Macht um jeden Preis zu erkaufen suchen. Ich habe unsern Hugo Grotius in dieser Angelegenheit nach Paris geschikt und hoffe, daß seine Geschiklichkeit den Handel mit dem schlauen Kardinal aufs vortheilhafteste zum Abschluß bringen wird. Vor der Hand und für den Augenblik nur schleunige Geldhülfe von dorther, so sind wir geborgen —

Herzog Bernhard.

Dann soll es wohl keine Noth mit uns haben. Einer wohl gefüllten Kriegskasse strömen die Söldner immer bei Haufen zu —

Reichskanzler Oxenstiern.

Wenn zumal ein Bernhard das Panier zur Werbung ausstellt. (Generaladjutant von der Grün wird gemeldet)

Herzog Bernhard.

Findet auch dieser sich wieder? Er soll kommen mit des Herrn Reichskanzlers Vergünstigung.

Reichskanzler Oxenstiern.

Sehr gern, lieber Herzog!

Vorige. General-Adjutant von der Grün.

(ein kleines mit Seide umwundenes Paket in der Hand)

Herzog Bernhard.

Euch hofft' ich in diesem Leben auch nicht wieder zu sehen, mein wakkrer Grün! Seid mir herzlich willkommen.

Reichskanzler Oxenstiern.

So finden sich nach und nach vielleicht noch mehrere wakkre Männer wieder ein, die wir für todt gehalten haben.

Generaladjutant Grün.

Wohl nur wenige noch, gnädiger Herr Reichskanzler! Was dem Schwert entronnen und hier noch nicht eingetroffen ist, das hat sich wohl gefangen geben müssen. Ich bin wunderbar gerettet worden, bin mitten unter den Feinden so lange unerkannt geblieben und habe mich unter immerwährender Lebensgefahr bis hierher durchgeschlichen. — Nun so freut's mich doch, eure fürstliche Gnaden so wohlbehalten wiederzufinden und auch das wenige, was ich von eurem Vermögen gerettet habe, glüklich wieder einhändigen zu können. (überreicht ihm das Paket)

Herzog Bernhard.

Was bringt ihr mir denn?

Generaladjutant Grün.

Ein köstliches Kleinod, was ihr gewiß sehr ungern eingebüßt hättet. (indem der Herzog die Seide abwindet) Eure Briefschaften und sonstigen Papiere hatt' ich wohl auch gerettet, habe sie aber aus Vorsorge ungelesen verbrannt.

Reichskanzler Oxenstiern.

Das habt ihr gut gemacht. Lieber Millionen in Feindes Hand, als die kleinste geheime Schrift!

Herzog Bernhard.

(freudig) Mein Schmuckkästlein! (küßt es) daß ich dich wieder habe! — O! ich dank' euch herzlich — herzlich dafür. Es ist mir mehr werth, als Alles, was ich bei Nördlingen verloren habe. (öffnet es) Nicht in diesen köstlichen Perlen und Edelgesteinen, sondern in diesen theuern Bildnissen liegt für mich dieses Kleinods großer unschäzbarer Werth. Seht da den Unsterblichen, und hier des Unsterblichen edle Tochter — — O! ich küsse dich, Bild des großen Vollendeten! und schwöre dir hiermit nochmals Treue — Treue deinen erhabnen Grundsäzzen und Tugenden bis in den Tod! — Seid nochmals bedankt, lieber Grün! Ihr habt mich freudig überrascht. Unter bessern Umständen werd' ich der schuldigen Belohnung unvergessen seyn.

Generaladjutant Grün.

O! dieser frohe Augenblik, euer gnädiges Wohlwollen —

Vorige. Gesandschaftsrath von Mokel.

Gesandschaftsrath Mokel.

(überreicht dem Reichskanzler eine Schrift)

Das Neueste dieser unglüklichen Zeit, Herr Reichskanzler!

Reichskanzler Oxenstiern.

(öffnet und überläuft sie schnell) Was — was ist das? woher habt ihr das?

Gesandschaftsrath Mokel.

Der französische Botschafter am Dresdner Hofe hat sie für ächt eingesendet.

Reichskanzler Oxenstiern.

Schreklich — schreklich! Ja sie ist ächt — sie führt das unverkennbare Gepräge der Selbstsucht, des Eigennuzzes und der Arglist. — Herzog Bernhard! es ist Friede — und hier sind die Vergleichspunkte —

Herzog Bernhard.

Eine böse Folge der Nördlinger Schlacht; sie kommt mir nicht unerwartet, so verderblich sie auch ist.

Reichskanzler Oxenstiern.

Mir auch nicht unerwartet! Herzog! — aber unerwartet und beleidigend die Art, wie man diesen Frieden geschlossen hat — unerwartet und empörend die Bedingungen, auf welche man ihn geschlossen hat. O! es ist schreklich — es ist unverantwortlich — (Kursächsische Abgeordnete werden gemeldet) So? Nun erst will man uns wohl um die Sache befragen? nun erst unsre Meinung darüber vernehmen?

Herzog Bernhard

Hören möchtet ihr sie doch —

Reichskanzler Oxenstiern.

Das will ich. — Die Herrn sollen kommen! — Schreklich — schreklich, uns das zu thun!

Herzog Bernhard.

Werdet ihr es dem Freunde verübeln, wenn er euch um schonende Mäßigung bittet?

Reichskanzler Oxenstiern.

Ich werde den Antrag der Männer mit

Ruhe anhören und ihn mit Wahrheit und Würde beantworten.

Vorige. Die Geheimen Räthe von Miltiz und von Schönberg.

Reichskanzler Oxenstiern.

(aufstehend) Willkommen, meine Herrn! (sezt sich sogleich wieder) Was bringt ihr uns?

Geh. Rath Miltiz.

Den Gruß der Ehrerbietung und Freundschaft von unserm gnädigen Kurfürsten.

Geh. Rath Schönberg.

Und nächstdem eine hoffentlich auch für eure Excellenz und eure fürstliche Gnaden von Weimar überaus wichtige und erfreuliche Botschaft. Wir sind beauftragt, dem hochverehrlichen Herrn Reichskanzler der Krone Schweden und dem Durchlauchtigen

Herrn Herzog von Weimar ehrfurchtsvoll zu eröffnen, daß zwischen dem Kaiser und dem Kurfürsten zu Sachsen, nun endlich einmal diesem langwierigen und äußerst mörderischen Kriege zu steuern, und der Religion und dem Vaterlande den längst erseufzten und hochbenöthigten Frieden zu verschaffen, eine aufrichtige und beständige Einigung unter gleich annehmlichen und billigen Bedingungen glüklich zu Stande gebracht worden ist —

Reichskanzler Oxenstiern.

Das haben wir zu unserm Befremden schon früher vernommen. — Weiter!

Geh. Rath Schönberg.

Wir sind zugleich beauftragt eurer Weisheit das Friedensinstrument in beglaubter

Abschrift zur beliebigen Einsicht vorzulegen — (überreicht es)

Reichskanzler Oxenstiern.

Wir kennen es schon. (giebt es an den G. R. Motel) Ihr seht, ob es mit unsrer Abschrift gleichlautend ist. Weiter!

Geh. Rath Schönberg.

Wir sind zugleich auch bevollmächtiget, beide hochverehrliche Herren im Namen des Herrn Kurfürsten zur Aufnahme dieses preislichen und weltbeglükkenden Friedens einzuladen, und eure Entschließung darauf zu vernehmen, auch nach Befinden über einige und andere Punkte noch besonders mit euch zu handeln und abzuschließen.

Reichskanzler Oxenstiern

Weiter habt ihr uns nichts zu eröffnen?

Geh. Rath Schönberg.

Vor der Hand weiter nichts, als die ehrerbietige Bitte um bald gefällige gnädige Abfertigung.

Reichskanzler Oxenstiern.

Die soll euch werden. — Ist die Abschrift gleichlautend mit der unsrigen?

Gesandschaftsrath Mokel.

Sie ist's in allen Punkten und Klauseln. (legt sie auf die Tafel.)

Reichskanzler Oxenstiern.

Es ist also Friede zwischen dem Kaiser und dem Kurfürsten von Sachsen, und dieser Friede ist von eurem gnädigen Herrn ohne Vorwissen und Beistimmung der Krone Schweden und seiner übrigen evangelischen Mitstände geschlossen worden? — Unglaublich, wenn es eure Sendung nicht bekräftigte — entehrend und schreklich, daß es wahr ist! — Wie? Johann Georg schließt einseitig und ganz allein Friede mit dem Kaiser? Weiß er es denn nicht mehr, welche theure Verbindung er mit Gustav Adolf vor der Schlacht bei Leipzig eingegangen ist, und wozu er sich gegen ihn ausdrüklich und aufs heiligste verpflichtet hat? Weiß er es nicht mehr, was er diesem königlichen Helden insbesondere und der Krone Schweden überhaupt schuldig ist?

Geh. Rath Schönberg.

Das weiß der Kurfürst. Es ist seinem Gedächtniß nicht entfallen und der Dank dafür wird in seinem Herzen nie erlöschen.

Reichskanzler Oxenstiern.

Er weiß es — und schließt Friede? Er weiß es, daß er sich ausdrüklich anheischig gemacht und seinen Kurprinzen darauf als Geisel zum Unterpfand gestellt hat, einseitig und ohne Zuziehung des Königs von Schweden nicht einmal in einen Friedenshandel sich einzulassen — und schließt Friede? — Wie soll man das nennen? mit welchem Worte diese Handlung schonend genug bezeichnen? — Wahrlich! es ist nicht redlich und wakker —

Geh. Rath Schönberg.

Eure Excellenz verzeihe — die Umstände haben sich seitdem gar sehr geändert.

Reichskanzler Oxenstiern.

Meint ihr? Nach eurer Politik hängt es also von den Umständen ab, inwiefern ihr zur Erfüllung eurer heiligsten Verträge berechtiget seyn wollet?

Geh. Rath Schönberg.

Das nicht, Herr Reichskanzler! Man wird mit Bestand der Wahrheit nicht sagen und beweisen können, daß unsre Regierung sich jemals einer Vertragsverlezzung schuldig gemacht habe. Jeder Vertrag kann aber doch nur so lange bestehen und in Kraft bleiben, als die vertragenden Personen leben. Der Tod des Einen entbindet den Andern seiner Verpflichtung. Dies der Fall bei dem Vertrage des Kurfürsten von Sachsen mit dem König von Schweden. Der Tod dieses preislichen Helden hat unsern gnädigen Herrn von aller fernern Verpflichtung gegen Schweden losgesprochen.

Reichskanzler Oxenstiern.

Ihr seid übel unterrichtet, Herr Geheimer Rath! Die Verbindung zwischen Schweden und Kursachsen bestehet zur Stunde noch in voller ungeschwächter Kraft, weil sie nach Gustav Adolfs Tode zwischen den vertragenden Theilen förmlich erneuert worden ist. Ich will euch den Bescheid, den mir Johann Georg auf meinen diesfalsigen Antrag im Schlosse zu Dresden gegeben hat, wörtlich hersagen. Er drükte sich buchstäblich so aus: «Sachsen wird sich des »gemeinen Wesens mit gleichem Ernst als »vorhin annehmen und ohne Vorwissen —» merkt auf diese Worte! — «ohne Vorwis»sen der Krone Schweden und anderer In»teressenten nicht vom Frieden handeln, »auch der ihm von König Gustav erwie»senen Wohlthaten unvergessen seyn. —» Was sagt ihr nun dazu? und wie getrauet ihr euch, den heimlich gepflognen und einseitig abgeschloßnen Friedenshandel mit dem Kaiser gegen diese verpflichtende Erklärung zu rechtfertigen?

Geh. Rath Schönberg.

Diese Erklärung kann und muß allerdings gegeben worden seyn, weil es eure Wahrhaftigkeit versichert. Sie ist aber wohl lediglich als eine mündliche Äußerung anzusehen, und nicht von bindender Kraft, weil kein Instrument darüber ausgefertiget, nicht einmal ein Buchstabe davon niedergeschrieben worden ist.

Reichskanzler Oxenstiern.

(entrüstet) Ha das! Ein teutsches Fürstenwort gilt euch also für nichts, wenn es blos gesprochen und nicht niedergeschrieben ist? — denkt und handelt man in euren Kanzleien nach solchen Grundsäzzen?

Herzog Bernhard.

So kann der biedre Johann Georg nicht gedacht und gehandelt haben — so kann kein teutscher Fürst denken und handeln. Wenn der Kurfürst izt in der Meinung steht, daß er durch jene mündliche Erklärung nicht gebunden sei, so ist sie ihm von bestochnen und ränkevollen Rechtsverdrehern und Theologen eingeschwazt worden — und auf diese falle der Schimpf und die Schande der Wortbrüchigkeit!

Reichskanzler Oxenstiern.

Wir wollen die Sache dahingestellt seyn lassen. Wer solches Verfahren bei Gott und seinem Gewissen verantworten zu können alles Ernstes glaubt, der muß es in der Verkehrtheit wenigstens sehr weit gebracht haben. Die Nachwelt mag richten! —

Mit eurer Erlaubnis und ohne eure Einrede nur noch einige kurze Bemerkungen über den Handel.

« Der Kurfürst hat gewissermaßen im Namen aller evangelischen Stände Friede geschlossen. Wie konnt' er das, ohne zu dieser hochwichtigen Sache ganz besonders von ihnen beauftragt und bevollmächtiget zu seyn? wie sich einer Oberherrlichkeit über seine Mitstände anmaßen, als wären sie seine Vasallen, Er ihr gebietender Herr?

« Und dann dieser Friede selbst — ist er gerecht und billig? vortheilhaft und genugthuend? vest gegründet und dauerhaft? O! es ist empörend und schauderhaft, wie man uns und sämmtliche evangelische Stände in diesem Frieden behandelt, und wie wenig man dabei auf den Zwek des Kriegs, auf die Wiederherstellung der evangelischen und teutschen Freiheit Rüksicht genommen hat. —

«Die vor dem Passauer Vertrage eingezognen Mediat-Stifter und geistlichen Güter sollen den Protestanten verbleiben, die vor und nach jenem Vertrage eingezognen unmittelbaren Stifter und geistlichen Güter aber, sollen den protestantischen Besizzern noch auf vierzig Jahre gelassen, und dann die streitige Sache von Kommissarien untersucht und gehoben werden.» — Also ruhiger Besizstand des protestantischen Fürsten-Eigenthums und Friede auf vierzig Jahre, und dann wieder Streit und Krieg? Also Friede und auch nicht Friede? Also nur Waffenstillstand auf vierzig Jahre? — Mit den Türken pflegt man wohl so zu handeln, aber unter christlichen Mächten ist solcher

Handel in diesen Zeiten noch nicht erhört und erlebt worden! —

«Dem Kaiser wird es freigestellt, ob er den Protestanten in Böhmen und den österreichischen Erblanden die Ausübung ihres Gottesdienstes gestatten will, oder nicht.» — Wie? wozu wir den Kaiser mit Gewalt der Waffen haben zwingen wollen, worüber wir so viele Jahre lang gestritten, weshalb wir schon so vieles Gut und Blut daran gesezt und verloren haben, das wird seiner Willkühr in diesem Frieden überlassen, und so werden die edlen böhmischen Männer, die wakkern Streiter für Wahrheit und Freiheit von uns verrathen? Es ist entsezlich! —

«Allen kriegführenden evangelischen Ständen wird, wenn sie sich samt und sonders zu diesem Friedensschlusse und dessen Handhabung bequemen werden, eine allgemeine Amnestie zugesichert; ausgenommen sollen jedoch davon seyn Alle und Jede, welche an den böhmischen Unruhen Theil genommen, und dann auch diejenigen Stände, welche unter des schwedischen Reichskanzlers Direktion den Rath der oberteutschen Kreise ausgemacht haben.» — Weil dieser gehässige Punkt mich persönlich mit betrift, so enthalt' ich mich jeder sich mir aufdringenden Bemerkung darüber, und erinnre nur dabei, daß ich es ganz unbegreiflich finde, wie ihn der edle Johann Georg habe billigen und unterzeichnen können.

«Wegen der Pfälzischen Sache bleibt die Kur dem Hause Baiern; doch soll des geächteten Pfalzgrafs Kindern aus Gnaden ein fürstlicher Gehalt ausgesezt und Kurfürst Friedrichs Frau Wittwe ihr Leibgedinge passiret werden.» — Wie anmaßend dieser Punkt! Man ermächtiget sich, die Nachkommen Friedrichs auf ewig um ihre Länder, Würden und Rechte zu bringen, über die Kur zu Pfalz ohne Zuziehung des Reichs abzusprechen und der protestantischen Parthei eine protestantische Kurstimme zu entreißen? Und dazu sollten die übrigen protestantischen Stände schweigen, und sollten sich von ihrem protestantischen Mitstande das ohnedies noch sehr schwankende Gleichgewicht im Reichsfürstenrathe vollends ganz zerstören lassen? — Nimmermehr!

«Alle seit Schwedens Erscheinung und Mitwürkung auf dem teutschen Reichsboden gemachte Eroberungen sollen zurükgegeben, den auswärtigen Mächten soll Alles, was sie sich zugeeignet, mit bewaffneter Hand wieder entrissen, die schwedischen und andern ausländischen Kriegsvölker sollen vom ganzen teutschen Boden hinausgeschaft, und es soll zu diesem Behuf eine besondere Reichs-Armee errichtet und zum Theil vom Kurfürsten zu Sachsen kommandirt werden.» — Das Meisterstük — die Krone dieses Friedens! Die Sprache versagt mir fast den Dienst, über diesen Punkt mich auszudrükken. — Es war also dem Kurfürsten von Sachsen nicht genug, einen vertragswidrigen Friedenshandel mit dem Feinde anzuspinnen und abzuschließen, nur sich zu bedenken und das Interesse seiner Verbündeten hintan zu sezzen, in die Rechte seiner protestantischen Mitstände gewaltsam einzugreifen, die evangelische und teutsche Freiheit ganz dabei zu vernachlässigen und dem nächstkünftigen Menschengeschlechte einen neuen unabwendbaren und vielleicht noch ungleich schreklichern Krieg zu bereiten — nein! er sollte und mußte auch noch gegen einen redlichsten und verdientesten Bundesgenossen in den Harnisch fahren, zum Besten der katholischen Liga das Schwert gegen ihn zükken, und zu seiner Verjagung vom teutschen Grund und Boden am ersten und kräftigsten auffodern und handeln. — Das ist zu viel — solcher Undank, solches gänzliche Vergessen, solches schrekliche Vergelten seiner großen Dienste und Aufopferungen ist meinem König in seinen trübsten Stunden und in seinen bösesten Träumen gewiß nicht vorgekommen, hat er von teutschen Männern gewiß nicht befürchtet und für möglich gehalten, als er sich zu Sachsens Rettung entschloß, als er dem Riesen Wallenstein sich entgegen warf, als er auf den Feldern von Lüzzen sein Blut versprizte —

Herzog Bernhard.

Beim wahrhaftigen Gott! das nicht — das nicht — solch eines finstern Argwohns war dieser Mann und Held nicht fähig. (reißt sein Schmukkästlein auf) Seht da das Bild des Unsterblichen — es ist mein köstlichstes Kleinod — seht da den Menschen ohne Falsch, den Helden ohne Gleichen — den großmüthigen Retter und Rächer der evangelischen Freiheit! Er arbeitete, kämpfte, blutete für uns und unsre Sache — und wir sollten es ihm und seinen Tapfern so unedel und undankbar vergelten —

Reichskanzler Oxenstiern.

(schlägt das Kästlein zu) Verschließt euer Heiligthum! Was verstehen diese kalten Menschen davon? Unsre Wahrheiten sind ihnen Thorheit. Unsre Rechte sind verschleudert, unsre Ansprüche auf Dank, Kostenerstattung und Belohnung in den Wind geworfen. Der große Handel ist abgeschlossen. — Die Schweden haben sich um Teutschlands Angelegenheiten nicht mehr zu kümmern, und sollen mit Gewalt der Waffen vom ganzen teutschen Boden vertrieben und ausgeschaft werden. — (aufspringend) Aber bei Gott im Himmel! sie werden sich so leicht nicht vertreiben und ausschaffen lassen, die schwedischen Männer! und werden Genugthuung — volle Genugthuung fodern und nehmen für Alles, was sie gethan, geduldet und aufgeopfert haben. — Dies sagt eurem Herrn mit dem Beifügen, daß ich ihm für die Mittheilung seiner Friedenspunkte verbunden sei.

Geh. Rath Schönberg.

Gnädiger Herr Reichskanzler! es würde uns so schwer eben nicht fallen, auf eure zum Theil sehr anzüglichen Äußerungen gnüglich=rechtfertigende Antwort zu geben und diesen ehrlichen Friedensschluß in allen seinen Punkten und Klauseln wohl zu vertheidigen. Um aber einer Seits die Schranken der Ehrfurcht nicht zu überschreiten, und um andrer Seits mit weitläuftigen Auseinandersezzungen nicht zu beschweren, so wollen wir eure Excellenz nur nochmals im

Namen unsers gnädigen Herrn gefragt haben: ob ihr denn auf keinen Fall und unter keiner noch zu bestimmenden Bedingung zu bewegen seyn möchtet, diesem preislichen Frieden euch anzuschließen?

Reichskanzler Oxenstiern.

Hält man mich denn für toll, oder für kindisch, daß ich einen Frieden annehmen und unterzeichnen soll, der die Rechte der gekränkten teutschen Fürsten und Stände beeinträchtiget und für die Zukunft noch mehr gefährdet, die evangelische Freiheit vernichtet, die Religionsverfolgung begünstiget, der Krone Schweden alle Genugthuung versagt und ihre Armeen mit Gewalt der Waffen aus Teutschland zu verjagen bedrohet? — Wollet ihr mich nicht noch mehr erbittern —

Geh. Rath Schönberg.

Das sei fern von uns. Aber einen Vorschlag erlaubt ihr uns noch. Die Krone Schweden ist allerdings berechtiget, für ihren kostbaren Aufwand und dergleichen von den evangelischen Ständen einige Entschädigung zu fodern. Der Kurfürst von Sachsen bietet sie euch seines Orts freiwillig entgegen und macht sich anheischig, zwei und eine halbe Million Meißnische Gülden in bestimmten Fristen an euch zu zahlen, wenn die schwedischen Völker Thüringen und das Stift Magdeburg sogleich, und den teutschen Boden binnen einer gesezten Zeit völlig räumen —

Reichskanzler Oxenstiern.

Über das Erstere ließe sich vielleicht noch handeln, aber über die Räumung des ganzen Teutschlands und über den Beitritt Schwedens zu diesem Frieden auf keinen Fall und unter keiner Bedingung.

Geh. Rath Schönberg.

Diese Gegenstände können schlechterdings nicht getrennt und besonders verhandelt werden —

Reichskanzler Oxenstiern.

So mag ich von der ganzen Sache kein Wort weiter hören —

Geh. Rath Schönberg.

Und wir haben eurer Excellenz darüber auch kein Wort weiter zu sagen, und wünschen vor unserm Abtritt nur noch die Entschließung des gnädigen Herrn Herzogs zu vernehmen.

Herzog Bernhard.

Meine Entschließung? worauf?

Geh. Rath Schönberg.

Ob eure fürstliche Gnaden nicht geneigt ist, diesem Frieden für die Person beizutreten?

Herzog Bernhard.

Sonderbar, daß ihr noch fragen könnt! Ihr habt meine Meinung gehört. Ich möcht' sie euch nicht gern noch stärker eröffnen.

Geh. Rath Schönberg.

Euer regierender Herr Bruder, Herzog Wilhelm, hat sich klüglich gefügt und seine Regimenter aus den fränkischen und erfurtischen Gebieten bereits zurükberufen.

Herzog Bernhard.

Hat er das? — Wohl! Es mag ihm und unserm Lande zum Glük gereichen. Was mein Bruder zu thun für gut oder doch wenigstens dem Drange der Umstände für angemessen findet, das kann mich nicht binden, auf mich keinen Einfluß haben. Ich mag von eurem Frieden nichts wissen — Dies meine aufrichtige und lezte Erklärung.

Geh. Rath Miltiz.

Sonach hätten wir ja wohl unsern Bescheid?

Reichskanzler Oxenstiern.

Ihr habt ihn. Dem Herrn Kurfürsten meinen ehrerbietigsten Gruß. Gott befohlen! — (zu Mokel und Grün) Ihr geleitet die Herren.

Geh. Rath Schönberg.

Wir empfehlen uns zu gnädigem Wohlwollen. (ab mit Miltiz; Mokel und Grün folgen.)

Herzog Bernhard. Reichskanzler Oxenstiern.

Reichskanzler Oxenstiern.

Nun sind wir doch unsrer Sache gewiß. — Das ist ein Friede!

Herzog Bernhard.

Daß jedem redlichen Teutschen das Herz bluten möchte! — Glaubt ihr wohl, daß Viele sich ihm anschließen sollten?

Reichskanzler Oxenstiern.

Es steht zu befürchten. Kursachsens Beispiel ist zu verführerisch, die Macht des Kaisers und der Liga zu groß, der Muth der meisten evangelischen Stände zu gewaltig erschüttert und zum Theil ganz gebrochen —

Vorige. Gesandschafts-Rath von Mokel.

Gesandschaftsrath Mokel.

(überreicht dem Reichskanzler ein Schreiben)

Durch einen Eilboten von Kassel.

Reichskanzler Oxenstiern.

(das Schreiben erbrechend) Von der verwittweten Landgräfin. (während des Lesens) Ha! der Beschämung für die teutschen Friedensmänner! — So denkt und handelt ein Weib — ein edles teutsches Fürstenweib! — Seht, Herr Herzog! was Amalia mir überschreibt. Der junge Landgraf hat sich zur Annahme des Friedens überreden lassen, aber seine Mutter und Vormünderin hat sich ihm mannhaft widersezt und ihn zur Beständigkeit und Treue entschlossen gemacht. «Und wenn Alles diesem gebieterischen Frieden sich unterwürfe, schreibt die Edle: und wenn das ganze protestantische Teutschland wortbrüchig würde gegen die Krone Schweden und gegen die gute Sache der Wahrheit und Freiheit: so soll es doch Hessen nicht werden, so lange Amalia Elisabeth lebt.»

Herzog Bernhard.

O! brav — brav, du edles teutsches Fürstenweib!

Vorige. Hofkanzler Hugo Grotius.

Reichskanzler Oxenstiern.

Frohe Überraschung! (reicht ihm die Hand zum Willkommen) Schon von Paris zurük, und auch unterhandelt?

Hofkanzler Grotius.

Sonst sähe der Herr Reichskanzler mich nicht hier. Die Unterhandlung ist rasch gepflogen, und wie ich hoffe, zu eurer Zufriedenheit beendigt worden. Hier der Vertrag, im Namen des Königs vom Kardinal Richelieu unterzeichnet. (überreicht ihn)

Reichskanzler Oxenstiern.

(während er ihn durchsieht) Treflich — es ist euch recht treflich dort gelungen, edler Grotius! — Freilich wohl! umsonst konnten wir Frankreichs kräftigen Beistand nicht verlangen und ein theures Opfer mußte gebracht werden. Es war aber nothwendig —

Hofkanzler Grotius.

Und ist unter den gegenwärtigen mißlichen Umständen fürwahr! auch nicht zu groß.

Reichskanzler Oxenstiern.

Das ist es nicht, und ist's um so weniger, als dessen wirklicher und bleibender Besizstand noch ganz und allein von den Ereignissen der Zukunft abhängt. — So lautet der Vertrag im Wesentlichen, Herr Herzog! Wir machen uns anheischig, die Reichsveste Philippsburg den Franzosen sogleich unterpfändlich einzuräumen, und die oberteutschen Stände augspurgischer Konfession machen sich verbindlich, alle bereits eroberten und noch zu erobernden Städte und Länder am Oberrhein und im Elsaß bis zum Frieden unter französischen Schuz zu geben; dahingegen verpflichtet sich Frankreich, die vorbedungnen Subsidiengelder an einer Million Livres jährlich auch fernerhin an Schweden zu zahlen und nicht nur dem König von Spanien den Krieg förmlich zu erklären und seine Völker, in Verbindung mit Oranien, aus den Niederlanden zu verjagen, sondern auch zur Unterstüzzung der Protestanten ein eignes Heer unter den Befehlen des Kardinals, Grafen von Valette, an den Rhein zu schikken und solches gemeinschaftlich mit den Schweden gegen den Kaiser handeln zu lassen —

Herzog Bernhard.

Alles gut und treflich für die Zukunft, Herr Reichskanzler! Aber wo bleibt die Nothhülfe für den Augenblik? wo bleiben die auf ein ganzes Jahr noch rükständigen Subsidiengelder?

Hofkanzler Grotius.

Sie kommen, Herr Herzog! Sie sind in der Stunde der Vertragsunterzeichnung auf zwölf Wagen von Paris abgegangen; und werden binnen drei und vier Tagen in Philippsburg eintreffen.

Herzog Bernhard.

Dann wohl, — dann können wir uns

doch wieder stärken und dem stolzen Feinde mit Kraft und Nachdruk begegnen.

Reichskanzler Oxenstiern.

Und dann kein Friede mit dem Kaiser, es sei denn der Zwek des Kriegs erreicht und die schwedische Genugthuung errungen, zugestanden und vollzogen —

Herzog Bernhard.

Und kein Friede mit dem Kaiser und allen seinen Verbündeten, er sei denn auf die Felsenpfeiler der evangelischen und altteutschen Freiheit unerschütterlich-vest gegründet und errichtet!

Reichskanzler Oxenstiern.

Dabei bleibt's auf Wort und Handschlag — (Handschlag)

Herzog Bernhard.

Und dazu helf' uns Gott!

FSC
www.fsc.org
MIX
Papier aus ver-
antwortungsvollen
Quellen
Paper from
responsible sources
FSC® C141904

Druck:
Customized Business Services GmbH
im Auftrag der KNV-Gruppe
Ferdinand-Jühlke-Str. 7
99095 Erfurt